普通高等院校师范教育专业核心课程精品教材

美术学科教学法及课程标准解析

主　编　崔国伶

西南交通大学出版社
·成 都·

图书在版编目（CIP）数据

美术学科教学法及课程标准解析 / 崔国伶主编.

成都：西南交通大学出版社，2025.6. -- ISBN 978-7
-5774-0474-5

Ⅰ. G633.955.2

中国国家版本馆 CIP 数据核字第 2025F3D889 号

Meishu Xueke Jiaoxuefa ji Kecheng Biaozhun Jiexi

美术学科教学法及课程标准解析

主　编　　崔国伶

策划编辑　　罗在伟　孟　媛　赵思琪
责任编辑　　郭发仔
责任校对　　张地木
封面设计　　墨创文化

出版发行　　西南交通大学出版社
（四川省成都市金牛区二环路北一段 111 号
西南交通大学创新大厦 21 楼）
邮政编码　　610031
营销部电话　028-87600564　028-87600533
网址　　　　https://www.xnjdcbs.com
印刷　　　　四川玖艺呈现印刷有限公司

成品尺寸　　185 mm×260 mm
印张　　　　11.75
字数　　　　244 千
版次　　　　2025 年 6 月第 1 版
印次　　　　2025 年 6 月第 1 次
定价　　　　54.00 元
书号　　　　ISBN 978-7-5774-0474-5

前言

　　2017 年 9 月 24 日，中共中央办公厅、国务院办公厅印发《关于深化教育体制机制改革的意见》（书中简称《意见》），明确提出全面提高人才培养能力，着重培养适应社会需要的创新型、复合型、应用型人才，对人才发展和教学改革提出了新的要求。《普通高中美术课程标准》（2017 年版 2020 年修订）和《义务教育艺术课程标准（2022 年版）》都明确要求发展学生的核心素养。学科核心素养是学科育人价值的集中体现，学生通过学科学习逐步形成的正确价值观、必备品格和关键能力。美术学科核心素养是落实学科发展的新层级，是工业时代向信息时代转型期对人才的不同要求。信息时代的人才培养目标是在素养导向的背景下展开的，旨在培养学生适应未来社会发展需要的学习能力、合作能力、创新能力等，围绕解决真实生活和未来现实世界中的问题，使学生具备专家思维能力。美术学科核心素养主要侧重现实生活情境、跨学科概念、思维模式和探究技能以及结构化的跨学科知识和技能，从真实情境中发现问题，选择和运用知识与技能解决问题，是学生在这一过程中体现出的价值观、思维方法、行为特征和解决问题的综合。

　　自《普通高中美术课程标准》（2017 年版 2020 年修订）、《义务教育艺术课程标准（2022 年版）》（书中简称《2022 年版艺术课标》）发布以来，课程标准较以前有了诸多变化。首先，在育人目标导向上，课程标准基于义务教育培养目标，将党的教育方针具体细化为本课程应着力培养的核心素养，学生通过课程学习，形成正确的价值观、必备品格和关键能力。课程目标的表述从"双基"（基础知识、基本技能）到"三维"（知识与技能、过程与方法、情感态度与价值观）再到"核心素养"（审美感知、艺术表现、创意实践、文化理解）转变。三种表现方式体现了教学理念的发展，目标表述侧重点和着力点从学科到学生发展，再到核心素养的培养。其次，在教学上，强调要建立以学生发展为本的新型教学关系，改进教学方式和学习方式，变革教学组织形式，创新教学手段，改革学生评价方式。《普通高中美术课程标准》(2017 年版 2020 年修订)、《义务教育艺术课程标准（2022 年版)》，教学提示模块对教学方式和学习方式具有明确的指导性，如组织学生以小组合作的方式进行主题学习，体现了学生的中心主体地位。最后，最新义务教育艺术课标背景下的美术教材也有了新的变化，对教材的把握与解读有利于培养美术师范生更好地从事美术课程教学。

本教材对《普通高中美术课程标准》(2017 年版 2020 年修订)、《义务教育艺术课程标准（2022 年版)》修订后的新课标进行解读，旨在帮助中小学美术教师进一步理解新课标修订的时代背景、人才培养目标、课程性质、课程目标、课程结构、课程内容以及课程实施等问题。对《普通高中美术课程标准》(2017 年版 2020 年修订）的解读旨在帮助普通高中美术教师进一步理解课程标准修订的时代背景、课程理念、课程性质、课程目标、课程结构、课程内容和课程实施等问题，指导中小学美术教师理解核心素养的内涵及其教育价值，通过教学案例在教学方法上为他们提供参考。

由于时间有限且学术水平不足，本教材在编写中难免存在疏漏和不足，恳请读者批评指正。

崔国伶

2025 年 1 月

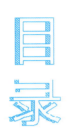

第一章　美术学科与教学

第一节　从学科独立走向学科的融合

学习任务

了解学科的内涵、定义以及新课标中美术学科的融合和跨学科教育趋势。

学习目的、意义

通过学习本节的知识，了解美术学科的内涵与发展、新课标中美术学科的融合与跨学科教育趋势，对美术学科发展有一定的认识。

学习内容

学科的内涵、学科的定义、新课标中美术学科的融合和跨学科教育趋势。

一、学科的内涵

学科是人类知识体系的基本单元，学科发展经历了不同的历史阶段。"学科"一词译自英文的"discipline"，其本身具有多重含义。国外一些著名辞书，如萨美尔的《英语词典》（第一卷）、《世界辞书》《牛津大词典》（第一卷）等都对"discipline"进行了多种注解，其一般包括科学门类或某一研究领域、一定单位的教学内容、规范等含义。因此，从其本源来说，学科一方面是指知识的分类和学习的科目；另一方面，又是指对人进行的培育，尤其侧重带有强制力性质的规范和塑造。[1]

在西方的学术体系中，学科是人类认识世界的产物，是人类将知识按研究对象、内在联系或表现形式加以划分的结果，因而学科是知识分类的产物。知识被划分为一门独立的学科，是为了满足人类认识世界和科学研究的需要。恩格斯曾指出："没有物种的概念，整个科学就没有了……无数杂乱的认识资料得到清理，它们有了头绪，有了分类，

---

[1]　王长纯.学科教育学概论[M].北京：首都师范大学出版社，2000.

彼此间有了因果联系，知识变成了科学。"①对于知识分类的追究和讨论，可以追溯到古希腊时期，柏拉图把知识分为理性、理智、信念和表象四种状态。前两者属于本质的、理性的认识，后两者是派生的、易逝的知识。之后，亚里士多德改造并发展了柏拉图的知识分类法。亚里士多德是第一位明确提出"学科"概念并进行学科分类的哲学家。他在《物理学》开篇说："任何一门涉及原理、原因和元素的学科，只有认识了这些原理、原因和元素，才算认识或领会了这门学科。"②他是第一个提出学科概念和定义的人。在学科概念提出之前，哲学研究包含人类发展的全部知识。自亚里士多德开始，人类知识的整体被划分为三大类：纯粹理性、实践理性和创造。纯粹理性是指为自身而被追求的"理论（思辨）知识"（theoretike）；实践理性则是关于行动的"实践知识"（praktike）；创造则是指那些无法或几乎无法用言辞传达的，为创作和制造而被追求的"创制知识"（poietike），主要是指艺术和其他有关行业的知识。亚里士多德的知识观和学科分类思想，成为西方哲学和科学的传统，影响极其深远。

在不同的历史时期，人们对学科的体系及分类的研究有所不同，一般人文学科、自然学科，又可细分为不同的学科门类。人文学科在发展中存在复杂性、本土性和多元性的特征，且演变为多种交叉学科门类。在 20 世纪中后期，在科学研究领域，学科交叉与融合成为一种趋势。在教育教学及学术研究中，跨学科研究对社会发展起到了非常重要的作用。

学科是人类知识体系的基本单元，是将人类的知识按照其内在联系，或者相类似的表现形式加以划分，形成一个个知识集合，因而学科是知识分类的产物，是指一定知识领域或一门科学的分支。

根据文献记载，我国的"学科"概念最早出现在北宋欧阳修等人编撰的《新唐书·儒学传序》中："自杨绾、郑余庆、郑覃等以大儒辅政，议优学科，先经谊，黜进士，后文辞，亦弗能克也。"③其中"学科"一词，是指学问的科目门类。当时的科目门类与科举考试关系密切。宋代孙光宪在《北梦琐言》中言："咸通（唐懿宗年号）中，进士皮日休进书两通：其一，请以《孟子》为学科。"④这里的"学科"一词就是指科举考试的门类。清代以后，"西学东渐"的风气日益浓厚。中国的官学体制和科举制度遭到西方教会学校以及改良派、维新派和革命派等多种势力的冲击，"学科"一词的内涵也逐渐发生了变化。中国近代首位驻外使节郭嵩焘在其《伦敦与巴黎日记》中提到："又见示《东京开成学校一览》，凡分列三十九目，其中亦各有子目。略记其学科：曰普通科，曰法学科，曰化学科……曰土木工学。"⑤该文中的"学科"除保留过去"科举考

① 袁曦临.学科的迷思[M].南京：东南大学出版社，2017.
② 汪子嵩，范明生，陈村富，等.希腊哲学史第三卷（上）[M].北京：人民出版社，2003（425）.
③ 广东、广西、湖南、河南辞源修订组，商务印书馆编辑部.辞源[M].北京：商务印书馆，1979：796.
④ 汉语大词典编辑委员会，汉语大词典编纂处.汉语大词典[M].上海：汉语大词典出版社，1989.
⑤ 郭嵩焘.伦敦与巴黎日记[M].长沙：岳麓书社，1984：462-463.

试的科目"意思外，又增加了"按照学问的性质而划分的门类"和"学校教学的科目"两层意思。

二、学科的定义

《中华人民共和国学科分类与代码国家标准》（简称"学科分类与代码"），是我国关于学科分类的国家推荐标准，由国家技术监督局于 1992 年 11 月 1 日正式在北京发布该标准的第一个版本，1993 年 7 月 1 日正式实施。2006 年，国家开始对第一版国家标准进行修订，2009 年发布最新版。其中的学科被定义为"学科是相对独立的知识体系"。1979 年上海辞书出版社的《辞海》（中册）将"学科"解释为：

① 学术的分类。其是指一定科学领域的总称（如人文学科）或一门科学的分支（如自然科学中的生物学、化学和社会科学中的经济学、历史学等）。

② 教学的科目。其是指学校课程的组成部分，与"教学科目"通用。从相关文献资料看，学科是一定历史时期知识发展到一定程度形成的规范化、专门化的知识体系。

就"学科"一词的两层含义而言，前者是一般意义上的学科，即作为知识分支，可以称为学科发展的第一层次；后者则是专指具有教育、教学职能的"制度化学科"，即作为大学的学科专业，可称为学科发展的第二层次。在第一层次，"学科"的含义主要强调学术的内在逻辑，较少考虑学科的组织形式与外在支持、奖励系统。只要有研究主题、研究者，独特的方法论，可以与其他已有学科相互区分、划清边界，就可以称为学科。

伯顿·克拉克（Burton R Clark）在《高等教育新论》一书中提出，学科包含两种含义：一是作为知识的"学科"；二是围绕这些"学科"建立起来的组织。一般认为，可以从三个不同的角度来阐述学科的含义：

其一，从创造知识和科学研究角度看，学科是指一定科学领域或一门科学的分支，是一种学术的分类。

其二，从教学授课的角度看，学科就是教学的科目。

其三，从大学里承担教学科研的人员来看，学科就是学术的组织，即从事科学与研究的机构。

这是学科的三个基本内涵，其在不同的场合和时间还会有不同的内涵。[1]伯顿·克拉克认为："知识是指人们在社会实践中积累起来的经验，这些基于经验的知识通常是支离破碎的、浅显的、原生态的，任何一门学科在其未成'学'（科）之前，都是不成

---

① 陆军. 关于学科、学科建设等相关概念的讨论[J]. 清华大学教育研究，2014（6）：24-26.

系统的，杂合着感性认识或部分理性知识，但一旦成为'学'（科），就成为一个由各个不同的知识单元和理论模块组成的具有内在逻辑关系的知识系统。"[①]

英国教育学家赫斯特（P·H·Hirst）指出，独有的概念体系、表述方式和研究方法是知识发展成为学科的必要条件。因此"学科"具有如下特征：

（1）具有在性质上属于该学科特有的某些中心概念；

（2）具有蕴含逻辑结构的有关概念关系网；

（3）具有一些隶属于该学科的独特的表达方式；

（4）具有用来探讨经验和考验其独特的表达方式的特殊技术和技巧。

简单地说，一门独立学科的形成需要的要素有三个：

一是研究的对象或领域。一门学科要具有独特的、不可替代的研究对象。

二是理论体系。学科需要形成自己特有的概念体系。这些概念是对研究对象进行抽象和概括的结果，能够准确反映研究对象的本质特征。在特有概念的基础上，学科应进一步构建原理、命题和规律，形成严密的逻辑系统。这些原理、命题和规律是学科理论体系的重要组成部分，能够指导学科研究深入进行。

三是研究方法。学者应形成自己特定的研究方法，这些方法是针对研究对象和理论体系设计的，能够有效地揭示研究对象的本质和规律。

作为一个知识领域、一个专门的知识集合体，学科本身并不具有知识传递、教育教学的含义；学科的"教育"职能来自学科的第二层次——"制度化学科"。所谓"制度化学科"，就是在关注学术内在逻辑与知识发展的同时，强调学科的外在制度与组织形式，其主要体系是大学。大学是学科得以形成和存在的主要制度性场所，在大学中不拥有独立的学科建制的知识领域就不能称为"学科"。从中世纪开始，西方就逐渐出现有系统的专业课程，医学、神学、法学成为中世纪大学的主要学科。19 世纪中叶以后，随着社会科学的兴起，学科制度化思潮迅速兴起，19 世纪思想史的首要标志就在于知识的学科化和专业化。[②]

三、新课标强调学科的融合和跨学科

在《义务教育艺术课程标准（2022 年版）》中，学科融合与跨学科作为重要的教育理念和实践模式，得到了明确的体现和强调。《义务教育艺术课程标准（2022 年版）》强调以立德树人为根本任务，培育和践行社会主义核心价值观，同时注重艺术与其他学科的融合，以及艺术与自然、生活、社会、科技的关联。这种融合与关联旨在促进学生身

① 袁曦临. 学科的迷思[M]. 南京：东南大学出版社，2017.
② 袁曦临. 学科的迷思[M]. 南京：东南大学出版社，2017.

心健康、全面发展，提升学生的核心素养，包括审美感知、艺术表现、创意实践和文化理解等。《义务教育课程方案（2022 年版）》在"基本原则"部分第 4 条就提出"加强课程综合，注重关联""加强课程内容与社会生活、学生经验的联系，强化学科内在知识整合，统筹设计综合课程和跨学科主题学习。加强综合课程建设，完善综合课程科目设置，注重培养学生在真实情境中综合运用知识解决问题的能力。开展跨学科主题教学，强化课程协同育人功能"。[①]新课标是在《义务教育课程方案（2022 年版）》的设计下，将艺术课程加以整合形成的，主要表现如下：

第一，课程内容的整合。一是将音乐、美术、舞蹈、戏剧（含戏曲）、影视（含数字媒体艺术）五个学科整合为统一的艺术课程，构建一体化的内容体系。二是围绕欣赏（欣赏·评述）、表现（造型·表现）、创造（设计·应用）和联系/融合（综合·探索）四类艺术实践活动，组织课程内容。

第二，跨学科概念的引入。一是在课程内容中融入其他学科的知识和概念，如数学、科学、语文等，形成跨学科的学习主题或项目。二是强调学生在学习过程中要综合运用多学科知识，解决实际问题，培养创新思维和综合能力。

四、学科融合与跨学科教育是国际教育发展趋势

人类知识经历了综合、学科、综合的变化过程。在人类社会早期，生活和生产知识最初是综合的，然后逐渐走向学科发展。人类社会最初解决生产与生活中的问题，多是运用综合的知识、技术方法，早期无明显学科分类，一些知识与技术从综合现象中剥离出来，逐步细化，边界逐渐清晰，最终形成了不同学科知识和方法体系。

随着社会的发展，单一的学科难以应对复杂的问题，因而社会对人才产生了新的需求。一个人既需要有专精的知识和技能，也需要具备整体或综合思维，需要掌握一些跨学科的方法，并运用跨学科的知识和技能解决现实问题。因此，加强不同学科之间的融通和迁移成为当下教育的发展趋势。

经济合作与发展组织发布的《教育 2030 学习指南》中的"2030 的知识"部分，对应该掌握的知识进行了分类，其中专门谈及跨学科知识，并提出了五种方法，帮助学生获得跨学科知识。其一，学习跨不同学科迁移的关键概念或"大概念"。其二，学习识别跨学科各种概念之间的相互联系。其三，通过主题学习，将不同学科联系起来。其四，通过合并相关学科或创建新学科来组织跨学科知识并促进其发展。其五，基于项目学习促进跨学科研究创造空间。

---

① 中华人民共和国教育部.义务教育课程方案（2022 版）[M]. 北京：北京师范大学出版社，2022.

第二节 美术学科的背景及性质

📋 学习任务

了解学科的背景、近代美术学科教育的发展、美术学科与其他学科的关系。

📋 学习目的、意义

通过学习本节的知识，了解美术学科的背景、近代美术学科教育的发展、美术学科与其他学科的关系，对美术学科发展有一定的认识。

📋 学习内容

学科的背景、近代美术学科教育的发展、美术学科与其他学科的关系。

一、学科的背景与艺术学科

学科是一个历史范畴，是在一定历史时空中建构起来的规范化知识形式。对学科教育的研究在我国既有传统性又有当代性。早在西周时期，以"六艺"（礼、乐、射、御、书、数）为基本教学内容的形式已体现我国最早的学科分类。随着社会的发展，美术作为一个独立的学科门类，研究的范围包括美术发展的历史、美术风格、美术作品、美术门类、美术批评、美术教育等，具有丰富的内涵。20世纪后期，随着知识与学科的高度融合，学科走向融合。尤其到了20世纪70年代后，跨学科研究得到迅速发展，传统社会学科的边界日益模糊，社会科学与自然科学整合的趋势更加明显，"以问题为中心"的研究范式逐渐取代以"以学科为中心"的研究范式。目前，学者们对"学科"的探讨主要集中在人文学科和自然学科以及交叉学科的研究上。一是科学学术分类的学科，即"科学学科"，可以指学科领域的总称，如人文学科、自然学科；也可以指一门具体科学的分支，如文学、美术。二是指学校设置的教学科目，如语文、数学、美术。这里的"美术"一词，有不同的含义。艺术学科，或称艺术学（science of art），是和哲学、美学紧密联系的人文科学的一个重要组成部分，主要研究艺术现象和艺术历史的一般规律。20世纪20年代，滕固、宗白华等学者从德语中借鉴了"艺术学"的概念并将其引入中国。然而，在这一阶段，艺术学的理论研究分散在各门类艺术研究和中国语言文学、外国语言文学、哲学等学科之中，缺乏系统的理论构建。20世纪80年代是中国艺术学科的恢复时期。艺术学下设的各门类艺术研究开始致力各学科的基本问题与基础理论的研究。

2009 年至 2018 年是中国艺术学科的飞速发展时期。2011 年，国务院学位委员会与教育部颁布的《学位授予和人才培养学科目录（2011）》增设"艺术学"为第 13 个学科门类。这一时期，艺术创作与学术生产力得到了极大的解放，师资规模与学术队伍不断扩大，艺术学学科体系、学术体系与话语体系的建设取得了显著成效。从 2001 年至 2022 年 4 月前，我国已分别发布了四个美术学科课程标准和四个艺术课程标准，《义务教育艺术课程标准（2022 年版）》整合了音乐、美术、舞蹈、戏剧（含戏曲）、影视（含数字媒体艺术）课程，五科共享，分科执行，强调了跨学科的导向。

美术学科是一门研究美术现象及其规律的科学，涵盖美术历史的演变过程、美术理论、美术批评、美术管理以及美术创作等多个方面。美术学作为艺术学领域的一个分支，是人文科学的重要组成部分，不仅关注美术作品的创作和表现形式，还深入研究美术家的思想、情感以及美术活动在社会文化中的功能和作用。美术学科的研究内容广泛，包括美术家、美术创作、美术鉴赏、美术活动等美术现象，也涉及美术思潮、造型美学、美术史学等深层次的理论探讨。在研究方法上，美术学可以运用自己特有的方法，也可以借鉴哲学、美学、心理学、社会学、文艺学等其他学科的研究方法，形成美术学研究的边缘地带或新的交叉学科，如美术社会学、美术心理学、美术市场学等。

美术课程则是指以视觉艺术形象为基础的课堂教学内容，包含课堂美术教学、课外美术学习以及美术自学活动的内容纲要和目标体系，是美术教学和学生美术学习活动的总体规划及其过程。美术课自成体系，包含课程体系、教材、课时、教研、评价等，是一个独立的系统。

（一）美术学科传统与当代性

早在西周时期，孔子已经开始以六艺分科教授学生。先秦以来，"六艺"（礼、乐、射、御、书、数）包含艺术、军事、数学等学科的分类雏形，强调人的全面发展必须文武兼备、人格和谐发展。

古代的"六艺"是指礼、乐、射、御、书、数，指的是六种重要的技术或技能。"术"，许慎解作"邑中道也"，指城市中的道路，段玉裁则将其"引申为技术"。"艺"与"术"合起来，当是种植、劳作的方法、技艺。《后汉书》较早把"艺"与"术"连在一起，但二者分别有不同的内涵。在中国古代，"艺"和"术"原本各自独立，各有自己的原始含义，后来渐渐合并在一起，形成现代意义上的关于艺术和艺术分类的艺术学知识体系。如果说"艺"偏重技能，最早源于农耕园艺劳动的话，"术"则包含对劳动之方法、方法论总结的意涵，有了"学"的意味。而且，从老子、庄子对"道"的阐释开始，到集中国独特的"艺道观"之大成的刘勰的《文心雕龙》，都强调好的技艺必须上升到"合道""体道"的高度，都把"艺道合一"作为最高的艺术境界。也就是说，技艺、技能、艺术实践，从来就不应该和"学"与"术"（方法论研究）、"道"与"思"分开。[1]正如宗白华借庄子在《养生主》中"庖丁解牛"的故事阐发"技""艺"即艺术实践与"道"的关系时说的："道"这形而上原理，和"艺"能够体合无间。"道"的生命近乎"技"，"技"的表现启示"道"，而"道"具象于生活、礼乐制度。道尤表象于"艺"。灿烂的"艺"赋予"道"以形象和生命，"道"给予"艺"以深度与灵魂。[2]从以上内容可以看出，学科的知识体系是多元的、紧密联系的。

在当今经济全球化的背景下，美术学科不再局限于传统的技艺传授与审美培养，而是展现出了更为广阔的视野，产生深远的影响力，表现在教学方式的多元化、对智力价值的强调、与科技的深度融合、跨文化的广泛交流以及对社会现实的深切关注等多个方面。美术学科不仅培养学生的艺术感知能力和表现力，还注重挖掘其背后的智力价值。艺术创作需要创新思维、批判性思维和解决问题的能力。当代美术教育鼓励学生运用观察、分析、想象等方法，对艺术作品进行深入研究，培养他们的逻辑推理能力和创造力。此外，美术学科还通过跨学科整合，将艺术与科学、历史、文学等其他学科相结合，拓宽学生的知识视野，提高他们的综合素养。科技与艺术的融合是当代美术学科发展的重要趋势。随着数字媒体、虚拟现实、人工智能等技术的不断发展，美术创作的形式和内容也在不断丰富和拓展。美术教师引导学生运用数字技术进行艺术创作，不仅可以提高他们的技能水平，还可以培养他们的创新精神和适应能力。同时，科技与艺术的融合也为美术学科的研究和教学提供了新的思路和方法，推动美术教育的现代化进程。

（二）近代美术学科教育的发展

1867 年（同治六年），福建创办了船政学堂。虽然船政学堂是专门培养造船技术人才和海军人才的学校，但学校的课程中已开设了"画法"科目，这是中国新式学堂里最早开设的"绘画课"。随后，上海广方言馆、上海格致书院、天津电报学堂、天津武备学堂、江南水师学堂等同类学校的课程中都设有"图绘""图画学""制图"等科目。但是，当时的绘画课与现在的美术课不同，实际上是"几何作图"课。

1904 年 1 月 13 日（光绪二十九年），清政府颁布了《奏定学堂章程》，也称"癸卯学制"。"癸卯学制"第一次肯定了图画和手工在学校教育中的地位，其目的是"以养成其见物留心，记其实象""养成好勤耐劳""练成可以实用之技能"。培养学生毕业后"以备他日绘画地图、机器图及讲求各项实业之初基"。因此，当时的图画和手工课的重点

① 陈旭光. 艺术分类的"多元决定"和艺术学科建设的行稳致远[J]，文化艺术研究，2011（1）:10-11.
② 宗白华. 中国艺术境界之诞生[J]//宗白华. 意境[M]. 北京：北京大学出版社，1987：157.

主要是培养实用专门技术之人才，教会学生一些"实用之技能"。这是"西学为用"的原则在美术教育中的具体实施。

1912 年 9 月 3 日，第一个《学校系统令》公布，史称"壬子学制"。与清末"癸卯学制"中的图画和手工课相比，民国初期的中小学图画和手工课除了"使儿童观察物体，具摹写之技能"以及"使详审物体，能自由绘画"，掌握一定的美术技能外，还提出要培养学生"养其美感""涵养美感"的审美能力。由此可见，美术教育中的审美功能在民国初期的学校教育中已开始得到重视。

1919 年后，中国革命进入新民主主义革命阶段。这时期，中国教育界出现了一股学习西方教育的热潮。1923 年 6 月，全国教育会联合会颁发了《小学形象艺术课程纲要》和《初级中学图画课程纲要》，其中小学的"图画"课改为"形象艺术"课。而初中美术仍称"图画"课。与民国初年 1912 年颁布的关于图画和手工课的规定相比，1923 年颁布的中小学美术课程纲要的学习领域开始拓宽，其中包括欣赏、制作、研究等三个领域，说明这时的美术课已不是单纯的一门技能课，还强调审美的教育作用。

1940 年 12 月，颁发了《修正初级中学图画课程标准》和《修正高级中学图画课程标准》，修订初、高中图画课程标准的主要目的是激发学生的审美本能，涵养其性情，提高学生的观察力和描绘技能，甚至提出图画"与其他各学科应有相互之联络"。这些在今天来看都还未过时。并且，还把"图画"改称为"美术"课。

总之，由于新文化运动的影响，我国借鉴了当时西方发达国家美术教育中的成功经验，把西方美术中的色彩学、透视学、解剖学，以及设色、明暗等画法，设计、工艺制作中一些新的理念，引入中小学美术教育，普及美术教育。因此，美术教育已与清朝末年把绘画仅仅作为"为了照图制造机器零件，或造船体"的"几何作图"有了本质上的区别。

（三）新中国成立后美术学科教学

1956 年 9 月，教育部颁发了《初级中学图画教学大纲（草案）》，同年 11 月又颁发了《小学图画教学大纲（草案）》。教育部先后颁布的这两个图画教学大纲是新中国成立以来第一套完整的中小学图画教学大纲。两个大纲都明确规定了美育在学校全面发展教育中的地位和作用，指出图画是中小学进行美育并培养学生全面发展的学科之一。小学图画教学的目的是让生掌握绘画的基本知识和技能，使他们能正确真实地描绘物体的形象、颜色和空间位置；培养学生初步的审美能力及对美术的兴趣和爱好，发展他们在这方面的创造才能，并使他们对现实主义的绘画和我国工艺美术的优良传统有所认识；使学生知道图画在社会生活实践中的意义，并能把在图画课中学得的知识、技能和技巧应用到其他学科的学习中去，应用到日常生活中去，应用到社会公益活动中去。

初级中学图画课教学的目的是通过图画教学，使学生认识并练习表现自然界和现实生活环境中的美好事物；培养学生的美感和对造型艺术作品的爱好。大纲还非常注重在整个图画教学过程中，培养学生共产主义道德品质、共产主义理想、共产主义世界观和促进学生个性的全面发展，在此基础上再发展学生的审美能力。

从 1949 年新中国成立至 1956 年，由于我国在建立社会主义教育体系上还缺乏经验，因此，借鉴了苏联教育建设的先进经验。1956 年教育部颁发的《初级中学图画教学大纲（草案）》和《小学图画教学大纲（草案）》是新中国成立以来第一套完整的中小学图画教学大纲，由于当时的"美术"改为"图画"，因此，美术课的内容主要以写生画、图案画、命题画为主，但它对新中国中小学美术教育的健康发展具有至关重要的促进作用，使我国学校美术教育有了一个良好的开端。

在 20 世纪 50 年代中期至 1966 年的 10 年中，由于"美育"在新教育方针中已被去掉，中小学美术教育在学校教育中的地位被逐渐削弱。

20 世纪 70 年代末以来，我国推行了具有深远历史意义的改革开放政策，我国的经济有了长足发展，社会面貌发生了深刻变化。在这样的社会环境下，我国的中小学美术教育也出现了翻天覆地的变化。

1979 年 6 月，教育部颁发了新中国成立后第二个美术教学大纲——《全日制十年制学校中小学美术教学大纲（试行草案）》。大纲具有这样一些特点：首先，大纲正名为"美术"，而不是 1956 年所称的"图画"。其次，把基础美术教学课业分为绘画、工艺、欣赏三大类。第三，开始重视欣赏教育，提出"通过欣赏中外优秀美术作品，开阔眼界""让学生了解各种画种的特点""通过中外绘画、雕塑、建筑等造型艺术作品的欣赏，提高学生对美的感受力"。因此，20 世纪 80 年代中期后，我国一些学者认为，这时期的美术教育已从以往重技能的美术教育转变为重审美的美术教育。

1985 年，《九年义务教育全日制初中、小学美术教学大纲》起草。1988 年 11 月，原国家教委颁发了《义务教育全日制小学、初级中学教学大纲（初审稿）》，后经多次反复修改，于 1992 年正式颁布，这是新中国成立以来的第三个美术教学大纲。其中，小学美术教育的目的和任务是：通过美术教学，向学生传授浅显的美术基础知识和简单的造型技能；培养学生健康的审美情趣、爱国主义情感和良好的品德、意志；培养学生的观察能力、形象记忆能力、想象能力和创造能力。

初中美术教学大纲的目标任务是：通过美术教学，向学生传授美术基础知识和基本技能；提高学生的审美能力，增强爱国主义精神，陶冶高尚的情操，培养良好的品德、意志；提高学生的观察能力、想象能力、形象思维能力和创造能力。

这部大纲与 1956 年和 1979 年颁布的大纲相比，更贴近中国小学的实际，更适合学生的身心发展，学科体系也初显眉目。大纲规定，小学美术教学内容包括欣赏、绘画、工艺等课业。各课业的大体比例：绘画占 45%～50%，工艺占 40%～45%，欣赏占 10%。初中美术教学内容包括欣赏、绘画、工艺等课业，其中绘画占 45%～45%，工艺占 35%～40%，欣赏占 15%。因此，小学与初中的绘画和工艺课的比例都有 5% 的弹性，体现了大纲的灵活性。另外，小学和初中的大纲中都规定，有 10%～20% 的课时用来补充乡土教材内容，以反映当地社会与经济发展的实际。

2000 年，教育部又对中小学美术教学大纲进行了修订。这次修订增加了美术教学评价内容。在教学内容与要求中取消绘画、工艺、欣赏三大课业的分类，以及各课业分类的比例；小学的大纲改变了原大纲按年级列出知识点的做法，而采用根据低、中、高年级开列知识点，降低了大纲的要求和难度，努力适应学生的学习兴趣与实际。在教学目的中则强调了"培养学生对美术的兴趣与爱好"方面的要求。

从学科名称来看，从"图画""美术"再到"艺术"，学科的融合性与跨学科趋势明显，艺术包含音乐、美术、舞蹈、戏剧（含戏曲）、影视（含数字媒体艺术），它们共同构成了全新的课程标准。

（四）美术学科与其他学科的关系

美术作为独立的学科，单独出现时指的是单独的科学学科，而不是学校教学科目。作为科学学科的美术，指包括美术创作及其作品，以及对创作和作品进行研究的美术理论与美术史等，前者呈现为物质形态，后者呈现为观念形态，二者共同构成了人类形态的总和"美术文化"。美术文化是具有专门性和独立性的体系。美术文化是美术课程教学的内容基础，这个基础决定了美术学科内容的构成是综合性和发展性的。美术学科教育以"人"的全面发展为中心，这是美术学科在普通学校教育中的理性定位。从普通高等教育来看，美术学科是一门具有鲜明特点的理论与实践相结合的学科教育科学。其学科性质决定它是将美学、教育学、历史学、心理学等相关学科的理论相结合构建的，是一门具有综合性理论特点的交叉学科。

1. 美术学是美术学科教学研究的学科理论基础

美术学，按国务院学位委员会目前的学科分类，未将其限定于研究美术现象的理论学科，而是包括美术技法与创作以及美术史论的综合学科。美术按物质材料与制作方法分为绘画、雕塑、工艺美术、建筑艺术四大门类。此外，中国特有的书法、篆刻和新兴的现代设计等，都属于美术范畴。与其相关的美术理论，是对各门类艺术的原理与造型经验的总结，既有相对的独立性，又对各门类美术的依附性。随着美术理论研究的日趋成熟，美术史和美术论已各自成为独立学科。美术史是汇总研究历史上美术名家及其代表作品以及美术遗存，是研究美术发展轨迹的科学。其下位分别有各门类美术的发展史。美术论则是从社会学角度研究美术现象的本质、特点、美术创作、美术批评等的科学。

如此庞大的学科群构成的美术学，是基础教育美术学科内容的基础。因为普通学校进行的美术学科教育，不是美术某个门类的专业教学，而是面向全体学生进行的旨在开发学生美术素质和提高审美素养全面综合的美术教育。因此，美术学既是构建美术学科教学内容的学科基础，也是研究美术学科教育的学科理论基础。

所谓构建美术学科教学内容的基本的学科基础，是指基础教育的美术学科教学内容，不同于专业美术的教学内容，不能从美术学中抽取各门类的基础进行拼盘构建，而应根据学生的年龄特点、生存与发展需要和社会需要，根据基础教育的宗旨和目标，选择合适的内容，以其为素材创造性地重新构建和编织新的教学内容体系。这是美术学科教育学区别于美术学基础的独特之处。美术学科教育学涉及的美术诸多形态和多元的创作观念、创作方法以及美术史、美术评论等，又与美术学是一致的。因此，美术学是美术学科教育学研究美术教学的依据和学科理论的基础。离开美术学，美术学科教育学便无本无源。

2. 美学是美术学科教学研究美育的理论基础

"美育，是党的教育方针的重要组成部分，是对青少年进行素质教育的重要内容。"[1]而美术学科是基础教育中"对学生进行美育的重要途径"[2]。美术教学要引导学生感受客观世界的美和表现对美的感受。这一切都会涉及什么是美、审美对象、美在哪里、美与现实的关系、美术形式美的规律……

关于美学是什么，德国的鲍姆嘉通（1714—1762 年）认为美学是研究美的，是研究感性认识的完美。黑格尔（1770—1831 年）认为"美学"是研究美的艺术。俄国的车尔尼雪夫斯基（1828—1889 年）认为"美学"是研究艺术，强调艺术与现实的关系。李泽厚认为"美学"一词的正确翻译应是"审美学"，是指"人们认识美、感知美的学科""是以美感经验为中心，研究美和艺术的学科"。尽管美学家在美学定义上存在一些分歧，但美学研究的"大部分一直是美的哲学、审美心理学和艺术社会学三者的某种形式的结合"[3]。

美术学已经融进美学，美术教育以美术学为理论基础，必然离不开美学问题。又由于美术学科教育学要着重研究审美教育，研究美术教学如何"以马克思主义的审美观念教育学生，培养他们正确的审美理想，健康的审美情趣，提高对美的感受力、鉴赏力、

---

① 李岚清.美术鉴赏[M]. 北京：高等教育出版社，1998:1.
② 中华人民共和国国家教育委员会. 全日制中小学九年义务教育美术教育大纲[M]. 北京：人民教育出版社，1992: 1.
③ 李泽厚. 美学四讲[M]. 北京：生活·读书·新知三联书店，1989.

表现力"①，必然借助审美心理学理论，所以美学是美术学科教育学研究美育的理论基础。美术学科教育学对美育的研究，是针对具体对象的更加切合实际的研究。其研究成果，必将充实、丰富审美学及审美心理学的内容。

3. 教育学是美术学科教学的教育理论基础

教育学是研究教育现象的科学，通过对整个教育现象的宏观把握来揭示教育规律、阐明教育工作的组织形式、一般原理、基本要求与方法，是对教育实践的高度概括和科学总结、完整的反映，对包括美术学科在内的一切学科教育实践都有指导意义。

教育学的目的论，为学科教育明确了教育为谁服务、培养什么样的人的总目标，为美术学科教育明确了价值取向。美术学科教育目标是依据教育总目标和根据美术学科特点、教育价值而制定的。

教育学的课程论、教学论，是对学校课程与教学的抽象论述，为美术学科教育学制订课程计划、课程标准和美术教学提供了原则和理论基础。作为教育学下位学科的美术学科教育学，对课程、目标、内容、方法等方面的研究又是教育学的具体和深入，是对教育学的补充，其成果必然丰富教育学的内容。当然，随着学科教育学的发展，其学科领域的研究可能会走在教育学的前面，其成果又将促进教育学的研究与发展。

4. 心理学为教育过程的科学化提供理论依据

心理学主要是研究人的心理活动形式和规律的科学，包括个体心理与群体心理。美术学科是一个特殊的学科，研究美术学科教育、教学处处离不开心理学。

首先，美术不是升学考试的学科，美术教学碰到的第一个问题便是，小学高年级与中学生无升学考试分数的考虑，怎样启动学生学习动机的内驱力，需要心理学理论的指导。

其次，美术是不存在标准答案的学科，学生对客观世界的艺术观察可以有不同的审美感受，对美也可以有不同角度的表现。学生作业面貌差异性很大，这种差异性不是指表现能力的差异，而是表现题材、内容的差异，以及表现手法与"风格"的差异，这种差异是由学生的气质、性格、情感、经历等因素决定的。因此，教师应因材施教，使学生的表现既符合艺术表现规律，又符合人的心理规律。这也需要心理学理论的指导。此外，艺术创作需要想象与灵感，需要引导学生进行艺术想象，激发创作灵感，这些都需要心理学。

美术学科教育的根本目的是促进人格的全面发展。美术学科要在促进人格发展的过程中实现内化与外化的辩证统一，发挥美术教育应有的功能，也需要心理学的理论武装。

可以说，美术学科的教育、教学，从内容的确定到教学方法的选择等，都需要研

---

① 李岚清.美术鉴赏[M]. 北京：高等教育出版社，1998:2.

究学生的心理及其规律。所以，心理学是美术学科教育学的理论性与实践性得以统一的关键。

二、美术学科的性质

美术学科具有人文性，美术自产生之初就与中国的文化是紧密结合在一起的，美术的传承与发展不只是技术的传承，还与中国的文化是一脉相承的。美术的历史是人类传播文化信息的重要媒介，美术作品的背后包含不同历史时期的文化与社会背景。《义务教育艺术课程标准（2022 年版）》对艺术的界定也具有人文性的特征。艺术是人类精神文明的重要组成部分，是运用特定的媒介、语言、形式和技艺塑造艺术形象，反映自然、社会与人的创造性活动，艺术教育以形象的理论与美的境界提高人的审美能力和人文素养，塑造美好心灵。

"人文"一词最早出现在《周易》"贲"卦（六十四卦之一）："文明以止，人文也。"这里的"人文"是指修饰。修饰出美，故曰"美在其中"。我国《辞海》中这样解释："人文指人类社会的各种文化现象。"文化不仅包含人们外在的衣、食、住、行，还包含人们内在的心理、意识或者说思维活动。人文是人类文化中的先进部分和核心部分，即先进的价值观及其规范。其集中体现是：重视人、尊重人、关心人、爱护人。简而言之，人文，即重视人的文化。人文学科分为文化、艺术、美学、教育、哲学、国学、历史、法律等。人文学科强调的是以主体的体验、理解为基础的认识方法。他们对世界、自然和人生的认识是两种不同的方式和途径。人文学科的意义在于将培养健全或完整的人格放在首位，关注教育所培养出来的人是否全面和谐发展，是否具备独立的人格。在教育内容上，教育的人文价值将传递人类文化价值观念放在核心位置，强调学校不能仅仅只是教给学生实际有用的知识，不能仅仅是职业前的准备工作，还要教给学生文化观念和伦理道德规范。教育的人文内涵涉及人生理想、生存意义和自我的实现等方面，要求对人的道德、审美、价值和文化进行正确的理解。

（一）美术文化

美术是人类发展中的一种文化载体，与文化发展紧密联系，是社会文化发展的一种类型。美术创作是文化的一部分，影响人类的物质和精神生活，美术创作又以独立的感性力量来促进文化的具体展现，影响文化发展的面貌。

1. 美术是一种情感的表达与心灵的沟通

美术是人类情感的表达形式，关注人类的思想、情感、直觉和感悟的表现。从原始的岩画到当代艺术发展的流派，无数作品都体现创作者的生活体验、社会感悟，以及个体内在精神的表达。如初唐的人物画追求的是"以形写神"的画风，但实际是以教化功能的实现为主旨的。如原始岩画艺术，古人在岩石上磨刻和涂画，描绘人类的生活，以及他们的想象和愿望。岩画中的各种图像，构成了文字发明以前原始人类最早的"文献"。岩画不仅涉及原始人类的经济、社会和生活，还作为人类的精神产品，以艺术语言打动人心。

美术作品超越了语言和种族的界限，超越时间和空间，联结人类与文化、过去和现在。通过美术作品，我们可以更好地认识人类发展的历史。

2. 美术所传达的精神内涵

在我国发展的历史中，历史题材的主题性绘画呈现了不同历史时期历史事件的真实面貌。如《开国大典》《义勇军进行曲》《平津战役——会师金汤桥》《第一届政治协商会议》《地道战》等美术作品，都是鲜活的历史档案，能够传达历史事件中的人性因素、精神内容。《开国大典》是董希文的传世之作，它产生的前夜适值美术界开展新年画创作运动。董希文在画面中融合了当时流行的新年画的构图和色彩，把一个规模宏大的历史题材，以一种鲜明的民族风格表现出来。画面的喜庆气氛是由地毯、红柱、灯笼和广场上的红旗的红色基调营造的，红色营造出一种庄严与隆重的感觉，有力地烘托了开国大典的主题。《开国大典》这种近乎纯色的色调构成与西方传统绘画的灰色调大相径庭。地毯上的图案及灯笼、柱子和护栏等都具有典型文化隐喻意义，将两者结合起来，形成典型的中国审美趣味的油画风格。《地道战》是罗工柳油画中的经典之作。这幅作品创作于新中国成立以后，但取材于抗战时期华北平原农民的抗日斗争。罗工柳本人曾经也是一位战士，在战争年代以艺术作为武器进行斗争，也目睹了战友的牺牲。正是那段艰苦卓绝的经历，成就了这幅名作。

3. 美术是对人类社会生活的反省与批判

美术不仅可以记录社会生活，还能参与社会生活，艺术家通过各种不同的观念和观点对社会生活做出深刻的反省与批判。例如，过度地追求物欲和功利，人的情感、直觉、感受力就会受到压制，人们就会感受到精神家园的危机。表现主义、立体主义、达达主义等现代艺术，无不反映了一些个体的焦虑和异化。从某种意义上讲，美术就是在新的文化情景中不断返回起点，即返回人的生存需要和精神需要，以保存人之为人的本性，是精神对物质、对现实、对人的生存欲念的一种观照和提升。

我国 20 世纪 90 年代以来的实验艺术，最为敏锐地反映了社会生活的巨变——多元文化的碰撞与融合、新型都市文化的兴起、人口的大规模迁移等。一大批视觉艺术作品，包括绘画、摄影、行为、装置及录像等，共同反映了人们生活的变化。

4. 美术是对生存环境的创造与介入

美术创作不仅表现在与人的精神世界进行联系，而且直接进入人类的生存空间，成为生存环境的一个组成部分，服装衣饰、商品包装、居室住宅、城市建设、景观等，以其特殊的存在方式给人的精神感官以影响。人们所创造的生存环境，是一种文化观念的产物。人类最初只能依附自然，穿树皮、兽皮，过巢居、穴居生活，从第一座能遮风避雨的茅屋诞生起，美术就介入我们的生存环境。随着生活质量的提高，人们希望生存的环境具有内在的意义，具有审美愉悦感。金字塔、方尖碑、万神殿等都是人类优秀的文化遗产，体现了它们所属时代的精神。美术进入人们的生活方式日趋多元化，更具自由意识和开放精神，使生存环境既能满足多种精神文化的需要，又能充分展示自身的特殊魅力。视觉文化是工业文明的结果，是美术对现代生存环境最壮观的介入与创造，人们的生存环境被大众文化所包围，美术成为一种包装文化。现代、后现代艺术把各种生存环境的物质材料作为美术创作的媒介，直接把生活中的现成品拼合在作品之中，直接介入现实生活，介入公共空间。后现代美术突破艺术和生活的界限，沟通科技和艺术、商品和文化、个人创造和社会生产的联系。

（二）课标界定的美术课程性质

《义务教育艺术课程标准》（2022 年版），把艺术课程的性质描述为四个层次：第一层次，艺术的概念；第二层次，艺术教育的核心；第三层次，艺术课程所涉门类和特点；第四层次，艺术课程的任务、原则、价值等。

第一层次，关于艺术的概念。课程标准认为，"艺术是人类精神文明的重要组成部分，是运用特定的媒介、语言、艺术形式和技艺等塑造艺术形象，反映自然、社会以及人的创造性活动。"关于艺术的概念，新课标倾向于对立足我国义务教育课程改革的大视野，为教育发展和学生发展服务，由艺术的使命、作用和价值受众决定，是"精神文明""艺术形象""创造性活动"。

第二层次，对于艺术教育的核心。课程标准认为，艺术教育以形象的力量与美的境界促进人的审美和人文素养的提升。艺术教育是美育的重要组成部分，其核心在于弘扬真善美，塑造美好心灵。从艺术学科及教育的角度指明艺术教育的核心方向。其中"以形象的力量和美的境界"是实现该艺术教育核心的途径与方法。同时，提升的效果表明了新课标中关于艺术教育实施的效果与达成度，为教学指明了设计与实施的方向。

第三层次，艺术课程所涉门类和特点。课程标准认为，义务教育艺术课程包括音乐、美术、舞蹈、戏剧（含戏曲）、影视（含数字媒体艺术）的内容。义务教育艺术课程标准将舞蹈、戏剧（含戏曲）、影视（含数字媒体艺术）作为学科的门类纳入，将其与音乐和美术学科并列，拓展了义务教育课程的外延，同时也凸显了未来艺术课程的学科综合取向，将会为艺术课程的发展带来深远影响。

第四层次，艺术课程的任务、原则、价值等。课程标准认为，以立德树人为根本任务，培育和践行社会主义核心价值观，着力加强社会主义先进文化、革命文化、中华优秀传统文化的教育；坚持以美育人、以美化人、以美润心、以美培元，引领学生在健康向上的审美实践中感知、体验与理解艺术，逐步提高感受美、欣赏美、表现美、创造美的能力，抵制低俗、庸俗、媚俗的倾向，引导学生树立正确的历史观、民族观、国家观、文化观，增强爱党、爱国、爱社会主义的情感，坚定文化自信，提升人文素养，树立人类命运共同体意识，为实现中华民族伟大复兴不懈奋斗。

孩子是国家的未来，我国实行义务教育制度，意味着所有的孩子至少要在学校完成九年的课程学习。艺术课程是学校课程中的必修课，肩负着从艺术教育角度为国家未来培养人才的使命与责任。义务教育艺术课程标准规定，艺术课程的根本任务是"立德树人"，同时要"培育和践行社会主义核心价值观"，还要"着力加强社会主义先进文化、革命文化、中华优秀传统文化的教育"，这为修订与编写教材、改进艺术课程的教学设计与实施指明了方向。

中外艺术有几千年的发展历史，形式多样，内容多元，如果仅从学科本体角度来看，能够进入教材、进入课程的内容和形式繁多。但是，为义务教育阶段的美术教材和课程选择内容与形式，就不能仅从艺术本体的视角出发。《义务教育艺术课程标准》（2022 年版）要求艺术课程坚持的原则是"以美育人、以美化人、以美润心、以美培元，引领学生在健康向上的审美实践中感知、体验与理解艺术，逐步提高感受美、欣赏美、表现美、创造美的能力，抵制低俗、庸俗、媚俗倾向"；还规定要"引导学生树立正确的历史观、民族观、国家观、文化观，增强爱党、爱国、爱社会主义的情感，坚定文化自信，提升人文素养，树立人类命运共同体意识，为实现中华民族伟大复兴而不懈奋斗"，彰显了国家对艺术课程育人价值的总体要求。

三、从艺术课程性质看美术课程性质

美术课程是艺术课程的组成部分。在美术课程中落实《义务教育艺术课程标准（2022年版）》的精神，需要厘清艺术课程性质与美术课程性质的关系。

（一）课程性质对比

以义务教育阶段美术、艺术课程标准为视角，从 2000 年至今，我国针对义务教育共发布了两个"美术课程标准"和三个"艺术课标准"，明晰课程标准中的课程性质表述的变化与特点，有利于理解国家关于艺术课程发展的总方向和要求（见表1-1）。

表1-1　我国义务教育阶段美术课程标准与艺术课程标准性质比较

课标版本	课标性质关键词描述	字数	标题层级	撰写体例
义务教育美术课程标准（2001年版）	人文性	约70字	一、课程性质与价值	与课程价值同一级的分段表述
义务教育艺术课程标准（2001年版）	人文性、综合性、创造性、愉悦性、经典性	约640字	一、课程的性质与价值	与课程价值同一级的分段表述
义务教育美术课程标准（2011年版）	视觉性、实践性、人文性、愉悦性	约300字	一、课程性质	独立层级，按照特性分段表述
义务教育艺术课程标准（2011年版）	人文性、综合性、创造性、愉悦性、经典性	约1000字	一、课程性质	独立层级，按照特性分段表述
义务教育艺术课程标准（2022年版）	审美性、情感性、实践性、创造性、人文性	约480字	一、课程性质	独立层级，分三段将课程价值、特点等内容综合表述

5个课标在课程性质的表述上都有重合交叉，所有版本都将"人文性"特征纳入其中。《义务教育艺术课程标准（2022年版）》对其性质的描述呈现出强烈的"综合性"导向。该课标"五科共享，分科执行"，"视觉性"是美术学科独有的特点，在艺术综合的课标中较难被强调，无法作为学科共性。在教学中，应准确把握美术课程与教材的方向，既体现艺术课程的共性，又保持学科个性。

第三节　美术学科的个性与精神

 学习任务

了解美术学科的个性、美术学科精神，掌握美术学科的特点。

学习目的、意义

通过学习本节的知识，了解美术学科的个性与精神，对美术学科发展有一定的认识。

学习内容

美术学科的个性、美术学科精神。

美术学科在教育过程中的学科取向是直接置身于人类文明发展的和谐生态环境中，并且不断丰富学科自身的个性与精神。

一、美术学科的独特个性

美术学科以教育的形态呈现，形成了以美术为取向的美术教育和以教育为取向的美术教育，并最终形成了美术学科的性质和体系。美术学科的人文性质，使美术在人文的整体情景下，张扬其独特的个性精神，注重研究和探讨人类的情感、审美、表现等方面的现象。美术学科认识论和方法论的不同决定了它的进行方式是在客观的基础上强调主观的陈述性，注重表现性的过程、评价性的感受。美术作为人文学科的重要组成部分，"是人文学科的中坚"。"人文学科以主体创造活动"并寻找人生直接的意义，其关注的对象是人。美术呈现形象、情感与审美等突出的个性取向，自身存在强烈的特征，以"我"的维度来反映与自己相关的问题。从教育的意义上来看，美术呈现出人文性和工具性，在实施素质教育的过程中有不可替代的作用。

根据美术学科与教育的关系来分析，教育具有社会遗传机制，教育的"文化传递性"一定会体现在美术学科的基本要求之中，体现在各类美术课程内容的选择和实施过程中。美术教育虽有独特的个性，但必须具备学校教育的基本特征。美术在文化传播的过程中释放自身的人道主义精神，体现独特的视觉思维，体现美术学科的性格特征。美术的特点是美术教育存在和形成的基本条件，美术学科将视觉艺术的有关内容加以适当选择、合理组织和排列，使之能够与教育对象的身心发展水平和阶段完美契合。

二、强调个性的美术学科精神

美术学科关注人的创造活动，美术及其教育重视人的手的功能和视知觉的训练，更多地反映出对人的生命价值的探讨。我们从其一般性目标取向出发，可以认为，社会性与个体性需要是我们确立该学科目标的依据。

美术学科追求的是真、善、美的精神，以及求实态度，这是美术学科精神的重要内容。美术学科对人的创造潜能的开发、人的主体意识及人的个性形成教育，是对教育本质、对美术本质、对人的本质的完整理解和尊重。美术学科呈现出来的独特欣赏、创造性活动和审美作用在人的生活中有更为积极的体现。美术指向人的审美趣味、道德感、智力、意志、创造力等的培养，延续美术文化，借助一定的教学方式和手段，传播美术文化知识和技能，促进美术文化的发展。因此，美术是确立美术教育学科的基础，具有传播美术文化、促进人的全面发展的功能。

今天，在普通美术教育领域，学科的目标、学科的精神同时也表现为两种新的冲突：一是科学知识与人文知识的对立，二是学术研究与实用技术开发的对立。这种冲突不断反映在我们的教学和科研上。美术学科应坚持自己的理想，从学科的教学入手，更新教育观念和方式，根据社会和个人的需要，建立综合的教学系统，这是美术的生命与财富，亦是教育的生命与财富。

第四节　多元开放的美术学科教学

 **学习任务**

了解美术学科教学的含义以及新课标中美术学科融合和跨学科的教育趋势。

 **学习目的、意义**

通过学习本节的知识，了解美术学科的内涵、新课标中美术学科的融合与跨学科教育趋势，对美术学科发展有一定的认识。

 **学习内容**

美术学科教学的含义、新课标中的学科融合和跨学科教育趋势。

美术学科的教学处于多元与开放的系统情境中，美术教学生态具有多元与开放的特征。

一、认识美术学科教学

美术学科教学是研究美术课程教与学的本质与规律，以及美术教学的策略、方法、技术的活动，是在与其他学科的比较中不断发展的。它的作用主要是推进美术教学理论与教学实践方面的工作。

美术学科教学包括教学的过程与本质、教学目的与任务、教学的原则、教师与学生、课程与教材、教学方法与形式、教学环境、教学评价与管理等。美术学科教学是教师指导学生进行学习活动，是教和学相统一的活动。

首先，"教"的实施者不单指教师、广泛的教育者，还指与教有关的所有人，包括教育的管理者、教学的实施者、受教育者。

其次，教学活动过程是循序渐进的，根据学生的个体差异设计教学方案。同一个班级的学生个体差异可能很大，教师要根据学生的个体差异设计教学方案，实施教学。教学的情境不单指课堂，学校教育也不单指校园，受教育者的教育场地和时间也不完全限定在学校，教育应该是不分时空的。

美术教学法是一门发展的学科课程，不以单一的是否优秀来衡量学生的全部学习过程和美术教育的意义。美术学科教学法随着社会的发展、科技的进步、思想观念的更新不断发展和完善，其根本目的是促进学生的全面发展，培养社会所需的人才。只有不断发现和探索，才能面对新的情境，研究新的问题。现代美术学科教学拓宽了美术研究的视野，把美术教学放在一个社会对人的总体要求中，把学生的发展和教师的共同作用作为出发点，强调美术教育精神：

① 核心素养——学生全面发展。

② 终身学习——人的自身发展需要。

③ 学习社会化——建立普遍意义的学习空间。

④ 学会学习——从发现、理解、同化、分析开始。

⑤ 主体性——在学习中得到自我发现和确证。

⑥ 创造性——教育最重要的品质与出发点。

以上为现代美术教育的基本精神，是学习的社会化环境形成和进化的结果，也是美术教学论改革与发展的新起点。讨论美术教学和美术教育理论的著作与教材很多，以学科为视角探讨美术教学问题的著作或教材较少，美术教材编写应该呈现合理、多元与有效的文本特质。

二、美术学科教学法的取向

对教学法进行介绍、探讨、研究、实验、运用是近 20 年来的事。我国的教育经历了三个时期的变化：20 世纪 80 年代的新现象；90 年代的新进展以及 21 世纪之初的大突破。由此，我们认为，学习和研究美术学科教学法，应该置于这样的背景之下。

（1）20 世纪 80 年代。对过去错误的教学思想进行清理，转变原有的教学观念，重视发展学生的智能，开始探讨教学理论方面的问题，着手教材的编写和教学的实验。

（2）20 世纪 90 年代。对教学进行系统研究，科学精神与人文精神的结合成为教学研究的主题，人们开始注意情意、个性、主体性和艺术性在教学实践中的意义。由于教学是科学与艺术的结合，我国出现了"教学是科学还是艺术"的论争，而关于多角度的实验、方法的研究使教学水平有了提高，课程问题越来越被人们关注。

（3）21 世纪初。进入新世纪，知识经济的挑战使教育在国家发展战略中具有先导性、全局性和基础性。我国社会的整体发展极大地推动了教育教学的变革。着眼于"人"的发展引导了以课程改革为代表的理念创新，新的课程标准的研制将学习的方式、评价的方式、教师角色的转变等一系列新时代的要求摆在所有教育者的面前。

事实证明，知识是在不断变化和更新的，学校里的知识教育只是学生受教育的一个方面，必须让他们在学校的教育过程中能够进入"生活世界"，对自己的未来人生有一个规划。原来学校只教知识、不管发展的教育方式已经不适应人与社会发展的需要。"需要"使得我们必须以一种与时俱进的态度看待时代的变化。尽管美术教学法已经逐渐成为一门相对独立的分支学科，但是教育学在这方面的分界不是绝对的。随着教育科学的不断发展，其已经反映出社会经济和时代共同的特征：综合。所以，美术学科同样面临两种新的挑战：一是从农业社会到工业社会到信息社会的转型，信息化对教育的冲击，促使学习者可以通过多种途径学到想学习的知识与技能。大学教育已经成为大众教育，不再是夯实知识、呵护精英的独立王国，美术领域也不再具有垄断性。二是信息社会已经对需要发展自己、超越自己、提高自己的美术教育提供了前所未有的新机会和新空间。这种挑战理所当然地反映在美术教学之中。面对挑战，我们必须要清醒认识新情境，并以开放的心态做出正确的选择。这种选择需要我们更多地去理解、关注学科教学的时代意义，对美术学科进行全结构式的观察和梳理。

美术学科在体系、制度、课程、教学方式等多方面的改革过程中，强调本质特征，发挥综合作用，使美术学习能够在学生的未来发展中产生积极的影响。美术学科与其他学科一样，也要建立一个适宜学生发展的全新的教育教学理念。

由于当代科学与艺术产生了多元联系和综合性融汇，美术的含义已经延伸为"广泛形象表达的能力"，成为"一种视觉艺术"。也就是说，美术教育之所以愈来愈被人们重视，是因为它已经成为一种创造性的学科，在学习时会更多地呈现出人的情感与智慧品质。从世界的范围来看，普通美术教育的意义在横向交叉的同时也在纵向拓展。美国从 19 世纪下半叶开始，哈佛、耶鲁、普林斯顿三所大学，最早开设了视觉艺术教育课程，至今形成了美术学院与综合大学各具特色的美术教育完整体系；作为世界上最早提出"美术教育"概念的德国，始终把美术的培养和训练贯穿于整个公民和学校的教育之中，"将一个国家、民族的艺术素质视为高等层次竞争的必要条件"；而有造型艺术教育传统的俄国不论是在过去还是现在，一直坚持在制度和体系上规范要求，其学院式的严谨性并不因为经济的波动而波动。这些信息都在表明，对美术和美术教育的重视来自人们对该学科人文精神和社会价值的理性认识，同时也来自人们对其积极作用的充分体验和确证。

自 20 世纪 70 年代末以来，中国美术学科建设进入快车道。自 1980 年南京师范学院成立首个美术教育研究所并设立了第一个美术教育硕士点、1981 年广州美术学院率先成立师范系以来，各高等院校的美术教育以及学科发展建设成为一个新的增长点。1989年国家颁布了《全国学校艺术教育总体规划》，为推动广大中小学美术课程等问题的落实产生了积极的作用。1992 年，国家根据加强素质教育的发展思路，明确规定在高中开设艺术欣赏课程，我国美术教育形成从幼儿园到大学的一体化格局。2000 年，一个旨在振兴全国基础教育的行动计划和改革方案开始启动；教育硕士专业学位（学科教学·美术）的学历教育已经开始，所有的信息都给美术学科以新的希望。我们应该努力更新观念、创新知识、改革课程等，尽快建立一个新的学科体系。

这几年来，教育界、学界对美术学科建设和研究取得了喜人成绩，但也提出了更为深入的学科问题：

（1）内部机制的整合——技术与人文关系的协调；

（2）课程观念的加强——学习与创造的互动关系；

（3）生活世界的认识——艺术与时代走向的对话。

当前，世界各国的美术教育均已进入不同背景下的调整、改革、发展时期，如何进行学科教学方面的建设，关注和探讨学科"两栖性或多栖性"的问题是十分重要的。我们应该在国家基础课程标准的指导下，关注"知识与技能，方法与过程、情感、态度、价值观"的教学目标，达成场效应"以文臻和，以术通化，以器显道"，进而使美术学科建设更加完善。

 第二章　艺术课程标准修订的背景及原则

第一节　艺术课程标准修订的背景

 学习任务

了解《义务教育艺术课程标准（2022 年版）》修订的背景、特点与变化、实施重点。

 学习目的、意义

通过学习本节的知识，了解《义务教育艺术课程标准（2022 年版）》修订的背景、特点与变化、实施重点。

 学习内容

《义务教育艺术课程标准（2022 年版）》修订的背景、特点与变化、实施重点。

为了更好地落实素质教育目标和立德树人根本任务，《义务教育艺术课程标准（2022 年版）》（以下简称"2022 版艺术课标"）在《义务教育艺术课程标准（2011 年版）》（以下简称"2011 版艺术课标"）的基础上进行较大幅度修订，充分体现出课程标准的科学性、先进性和系统性，培养学生适应 21 世纪发展的价值观、必备品格和关键能力，凸显艺术教育以美育人的价值。

一、《义务教育艺术课标（2022 年版）》的修订背景

2022 版艺术课标的修订，以习近平总书记的重要讲话和全国教育大会精神统领学校美育工作，以习近平新时代中国特色社会主义思想为指导，反映新时代对人才培养的要

求，聚焦发展学生的艺术核心素养，借鉴国际先进艺术教育理念，构建具有中国特色、世界水准的义务教育艺术课程标准体系。

（一）艺术新课标与美育工作意见相契合

中共中央办公厅、国务院办公厅于 2020 年 10 月联合印发《关于全面加强和改进新时代学校美育工作的意见》（以下简称《美育工作意见》），这是自中华人民共和国成立以来针对加强和改进学校美育工作颁发的最新和最高层级的指导性文件。美育工作意见指出，学校美育课程以艺术课程为主体。艺术新课标是在《美育工作意见》指导下修订的，二者具有诸多契合点。以下阐述《美育工作意见》相关概念的界定和释义。

第一，《美育工作意见》围绕"美"和"美育"等概念作出界定和阐释。美是纯洁道德、丰富精神的重要源泉。美育是审美教育、情操教育、心灵教育，是丰富想象力和培养创新意识的教育，能提升青少年审美素养，陶冶情操，温润心灵，激发创新创造活力。

第二，《美育工作意见》指出，各级各类艺术教育应坚持立德树人根本任务，以社会主义核心价值观为引领，以提高学生审美和人文素养为目标，弘扬中华美育精神，以美育人、以美化人、以美培元；坚持正确方向，将学校美育作为立德树人的重要载体，弘扬社会主义核心价值观，强化社会主义先进文化、革命文化、中华优秀传统文化教育，引领学生树立正确的历史观、民族观、国家观、文化观，陶冶高尚情操，塑造美好心灵，增强文化自信。

第三，《美育工作意见》要求学校课程教学树立学科融合理念，挖掘和运用各学科体现中华美育精神与民族审美特质的美育资源，有机整合相关学科的美育内容，开展以美育为主题的跨学科教育教学和课外校外实践活动；完善课程设置，倡导义务教育阶段在开好音乐、美术、书法课程的基础上，逐步开设舞蹈、戏剧、影视等艺术课程；科学定位课程目标，明确义务教育阶段应注重激发学生的艺术兴趣和创新意识，培养学生健康向上的审美趣味、审美格调，帮助学生掌握一到两项艺术特长。

第四，深化教学改革，完善"艺术基础知识基本技能+艺术审美体验+艺术专项特长"教学模式；推进评价改革，全面实施中小学生艺术素质测评，依据课程标准，确定考试内容，将测评结果纳入初、高中学生综合素质评价，将艺术类科目纳入中考改革试点。

（二）学科融合与跨学科人才培养需要

学科融合与跨学科是国际课程发展和国际艺术课程发展的趋势。《义务教育课程方案（2022 年版）》的修订原则第 4 条，提出"加强课程综合，注重关联"，其中强调关键"在真实情境中综合运用知识解决问题的能力"。真实情境表明了所学知识与社会生活的紧密联系，引导学生关心社会问题，理解自我与社会的紧密联系，运用综合知识解决真实问题。在现代社会，各种事物和问题的复杂性大大增加，单一的学科较难解决当前社会各种复杂的现实问题，对人的知识和能力提出了新的要求。在人才培养中，既要有学科的专业知识和技能，也需要具备整体或综合思维，需要掌握一些跨学科的能力和方法，运用跨学科的知识、技能解决现实问题。加强不同学科之间的融通和知识迁移成为当下国际教育的趋势。

跨学科人才培养主要有实践与综合两个方面。一是实践，跨学科实践活动方式包括文献学习、观察记录、实验探究、人物访谈、问卷调查、参观考察、设计制作等，以实践活动、任务驱动等开展课程教学，通过实践活动推动教学改革，提高在真实生活中运用学科知识解决问题的能力。二是综合，既有学科内部的综合，也有学科之间的综合。学科内部的综合提倡"大单元""大概念"教学，课程实施中通过解决真实情境中的问题，将学校教育与现实生活紧密联系。

（三）适应义务教育课程改革发展要求

2000 年，教育部印发《基础教育课程改革纲要》（试行），大力推进基础教育课程改革，调整和改革基础教育的课程体系、结构、内容，构建符合素质教育要求的新的基础教育课程体系。对小学、初中、高中的课程性质和特征做了具体的表述和长远的规划，提出小学阶段以综合课程为主，初中阶段设置分科与综合相结合的课程，高中以分科课程为主的基本走向。2022 年，教育部发布《义务教育课程方案》，在基本原则部分第 3、4 条提出："聚焦核心素养，面向未来""加强课程综合，注重关联"，具体指出："依据学生终身发展和社会发展需要，明确育人主线，加强正确价值观引导，重视必备品格和关键能力培育。精选课程内容，注重培养学生的爱国情怀、社会责任感、创新精神和实践能力，奠基未来。""加强课程内容与学生经验、社会生活的联系，强化学科内知识整合，统筹设计综合课程和跨学科主题学习。加强综合课程建设，完善综合课程科目设置，注重培养学生在真实情境中综合运用知识解决问题的能力。开展跨学科主题教学，强化课程协同育人功能。"正是在基础教育课程进行整体构思和规划的背景下，将艺术课程加以整合，形成了《义务教育艺术课程标准（2022 年版）》。

二、艺术课程标准修订的特点与变化

（一）艺术课程标准修订的主要特点

一是体现艺术学科本质。艺术教育以形象的力量与美的境界促进人的审美和人文素养的提升。艺术教育是美育的重要组成部分，其核心在于弘扬真善美，塑造美好心灵。2022 版艺术课标提炼出四大艺术核心素养，凸显艺术学科以美育人、以美化人、以美润心、以美培元的本质，引领学生在健康向上的审美实践中感知、体验与理解艺术，逐步提高感受美、欣赏美、表现美、创造美的能力，引领学生树立正确的历史观、民族观、国家观、文化观，增强爱党、爱国、爱社会主义的情感，坚定文化自信，提升人文素养，树立人类命运共同体意识。

二是重视艺术课程特征。2022 版艺术课标延续了 2011 版艺术课标中"欣赏（欣赏·评述）、表现（造型·表现）、创造（设计·应用）和融合（综合·探索）"四类艺术主题实践活动的课程设置方式，即以艺术主题实践和任务驱动的方式引领艺术课程内容，完善艺术课程结构；充分发挥艺术课程的浸润性，加强与中华优秀传统文化之间的联系，吸收、借鉴人类文明优秀文化成果，追求精神高度、文化内涵与艺术价值的统一。

三是发展艺术融合课程。2022 版艺术课标突出课程综合，并在 2011 版艺术课标"艺术与科技"融合的基础上进行加强。在艺术领域，以各艺术学科为主体，加强与其他艺术的融合，进行艺术学科间的创意实践；在艺术领域之外，重视艺术与其他学科的联系，充分发挥协同育人功能，注重艺术与自然、生活、社会、科技间的关联，依据时代发展汲取符合当下审美教育的理念和元素，实现基于艺术的综合课程育人目标。

四是强化艺术学习评价。2022 版艺术课标倡导围绕艺术学习特点，开展多元评价，根据艺术学科的实践性、体验性和创造性等学习特点，更新 2011 版艺术课标形成性与终结性两种评价方式，细化课堂评价、作业评价和期末评价，将学生的艺术课程学习与实践活动情况纳入学业评价，考查学生在完成艺术实践任务中表现出的核心素养，重视艺术学习的过程性、基础性考核与评价，在第三学段尊重学生艺术学习的选择性，以学定考，根据学生的不同选择进行艺术专项考核。

（二）艺术课程标准修订的主要变化

一是强化了课程育人导向。各课程标准基于义务教育培养目标，将党的教育方针具体细化为本课程应着力培养的核心素养，体现正确价值观、必备品格和关键能力的培养要求。

突出培育学生核心素养。依据艺术学科的特质、新时代艺术教育发展需求和 21 世纪艺术教育发展趋势，2022 版艺术课标将艺术学科要培育的艺术核心素养提炼为审美感知、艺术表现、创意实践、文化理解四个方面。其中，审美感知是艺术学习的基础，艺术表现是学生参与艺术活动的必备能力，创意实践是学生创新意识和创造能力的集中体现，文化理解是以正确的价值观引领审美感知、艺术表现和创意实践。四大艺术核心素养相辅相成，凸显艺术学科育人导向，贯穿艺术课程目标、课程设计、课程实施及课程评价、学业质量等艺术学习的全过程，全方面培养学生的艺术素养能力。

二是优化了课程内容结构。以习近平新时代中国特色社会主义思想为统领，基于核心素养发展要求，遴选重要观念、主题内容和基础知识，设计课程内容，增强内容与育人目标的联系，优化内容组织形式。设立跨学科主题学习活动，加强学科间的相互关联，带动课程综合化实施，强化实践性要求。

在"欣赏、表现、创造、联系"四类一级主题和总课时不变的基础上，调整改革艺术课程的设置。2022版艺术课标进行艺术学科整合一体化设计，将一至七年级调整为以音乐、美术为主线，融入舞蹈、戏剧、影视等内容，八至九年级分项选择开设。以艺术素养为培养目标进行统整，要求在不同艺术学科的艺术学习中进行艺术素养的培养，以该学科特有的艺术形式、使用独特的艺术语言进行欣赏、表现、创造和联系。新时代艺术素养能力的核心是能够将艺术知识、技能和感受情感迁移到其他学科、情景和生活中。

三是研制了学业质量标准。各课程标准根据核心素养发展水平，结合课程内容，整体刻画不同学段学生学业成就的具体表现特征，形成学业质量标准，引导和帮助教师把握教学深度与广度，为教材编写、教学实施和考试评价等提供依据。

2022版艺术课标基于2011版艺术课标的课程内容，根据核心素养发展要求进行各艺术学科内容的细致划分，增强内容与育人目标的联系，优化单元式、主题式等内容组织形式，设立跨学科主题学习活动，加强不同学科间的相互关联，实现课程综合化实施，并生成学生学业成就的具体表现特征，形成不同学科、不同学段的分级学业质量标准，为教材编写提供参考，为教学实施与多元评价提供科学依据。

四是增强了指导性。各课程标准针对"内容要求"提出"学业要求""教学提示"，细化了评价与考试命题建议，注重实现"教—学—评"的一致性，增加了教学、评价案例，不仅明确了"为什么教""教什么""教到什么程度"，而且强化了"怎么教"的具体指导，做到好用、管用。

优化"统一"与"选择"的评价机制。国家高度重视学校美育工作，将艺术课程视为实施美育的主渠道。要使蓝图变为现实，就要制定完整、科学、可实施、可操作的评价体系。依据艺术课程核心素养内在要求确定评价依据，并通盘观照学生课堂的艺术课程学习与参加课内外、校内外各类艺术实践活动，形成艺术课程学业评价完整体系，据此设计评价任务、命制评价题目、确定评价方式。优化学校艺术课程的评价机制，应重视"统一"与"选择"的相辅相成。围绕"统一"，应重点关注学生针对某门艺术科目或特定教学模块的过程性学习和基础性学习，以及学生面对所有科目和教学模块并依据个人兴趣爱好进行选择性学习。基于"选择"，重点建设"教—学—评"一体化机制，以学定考、专项考核，使教学内容的丰富性与学生的多元选择性协调统一起来。

五是加强了学段衔接。注重幼小衔接，基于对学生在健康、语言、社会、科学、艺术领域发展水平的评估，合理设计小学一至二年级课程，注重活动化、游戏化、生活化的学习设计。依据学生从小学到初中在认知、情感、社会性等方面的发展，合理安排不同学段内容，体现学习目标的连续性和进阶性。了解高中阶段学生特点和学科特点，为学生进一步学习做好准备。

强调了艺术幼小学段衔接，优化艺术评价方式。2022版艺术课标遵循艺术学习规律，体现学生身心发展阶段性与连续性的特点，在2011版艺术课标学段划分的基础上进行细化，形成四个学段。第一阶段（1~2年级）以艺术综合为主，体现从幼儿园综合活动到小学分科课程的过渡与衔接，侧重活动化、游戏化和生活化的学习设计。此外，倡导以评价促进艺术学习的理念，增强学习的艺术体验，引导学生发现自己的艺术潜能和艺术特长，运用作品展示、技艺表演等形式对艺术学习评价方式进行优化，提高评价的全面性与准确性。

三、2022版艺术课标的实施重点

（一）理解课程标准，转变固有观念

从2011版艺术课标到2022版艺术课标，促进学生身心发展及综合能力是不变的课程改革目标。2022版艺术课标围绕"人"的素养能力及审美需求，明确"培养什么人、怎样培养人、为谁培养人"，一直强调艺术学科的育人性和艺术素养的导向性，要求教师转变原有观念，深入理解艺术课程的性质、理念、目标、内容和学业质量等方面的内容。

艺术教师要将核心素养的培育贯穿艺术教学的全过程，立足学生的全面发展，挖掘艺术教学内容多方面的育人价值，结合学生的成长需求，把握显性和隐性、近期和远期、整体和部分的关系，针对学生审美和人文素养发展进行教学目标设计，引导学生通过艺术学习陶冶情操，激发学生的想象力与创造力，充分发挥艺术教育的功能。

（二）培育核心素养，提升艺术教学

2022版艺术课标阐释了艺术课程与培养学生核心素养的内在联系，并提出如下艺术课程总目标：感知、发现、体验和欣赏艺术美、自然美、生活美、社会美，提升审美感知能力；丰富想象力，运用独特的艺术语言进行表达与交流，提高艺术表现能力；发展创新思维，积极参与艺术实践活动，提升创意实践能力；感受和理解、传承和弘扬我国优秀先进文化底蕴和党的百年奋斗重大成就，传承和弘扬中华优秀传统文化、革命文化、社会主义先进文化，坚定文化自信，铸牢中华民族共同体意识，了解不同国家民族的历史文化，学会尊重、理解与包容。这些目标体现了艺术学科以美育人的本质特征。因此，

关于核心素养的艺术教学，可从以下几方面入手。

一要运用"大概念"统整单元课程。艺术教师要以任务、主题或项目的形式进行教学设计，将教学内容进行有机整合，促进学生对知识进行整体联系和建构，并形成层次联结，实现从知识、技能的掌握到意义建构的发展，提高综合解决问题的能力。"大概念"位于知识结构的核心，对各学科及学习主题具有统摄性，是能够对艺术学科知识进行统整的关键概念。运用"大概念"统整单元课程，不仅可以用于具体教学内容，而且可以帮助学生将较为碎片化的知识技能与学习主题关联起来，并依据学习主题进行不同学科的跨学科融合学习与探究，促进对知识的理解和应用。如在进行 1~2 年级"造型·美术"教学时，教师可将"欣赏身边的美""表达自己的感受"和"改进生活用品"三个主题任务归为"大概念"下的"观察"主题，设置"在身边发现了什么美""如何将我们与生活地点进行联系""日常生活中，哪些物品是美的"等基本问题，将对建筑、环境、物品的观察与艺术知识和技能进行整合，使课程间既各有侧重又相互联系；引导学生学会观察，养成观察美的习惯，对美产生自己的理解和判断，从"发现身边的美"到"感受身边的美、抒发对美的感情"再到"创造美"，层层递进，增进理解。在此过程中，艺术教师可根据内容增加地理、历史、设计等其他学科的内容，提高学生的综合素养。

二要基于感知理解进行综合艺术教学。2022 版艺术课标要求教师进行理解性教学，利用艺术学科的特点，通过综合性、创造性的艺术实践活动，为学生提供丰富的艺术表现方式和认识世界的途径，尊重学生独特的感知体验和多样化的艺术表达，促进学生深度理解知识、掌握技能，提高综合能力。这就要求教师对艺术学科知识内容及培育目标有深入的理解，又能通过教学强化认知过程，引导学生理解与建构艺术知识，进而通过迁移解决问题。在艺术教学过程中，教师应营造易于学生感知的艺术学习情境，引领学生联系自己的家庭、社区、家乡等，使其获得审美体验，实现与艺术形象的共情，迸发创意，在"大概念"和基于感知理解的情景下发现问题，帮助学生综合运用艺术及其他学科的知识、技能和思维方式，创造性地完成艺术作品或解决问题，提高创造能力和解决问题的能力。

三要构建设计综合性与多元性评价。2022 版艺术课标鼓励艺术教师丰富评价形式和内容。教学评价应包含学习态度、过程表现、学业成就等贯穿艺术学习全过程的综合性与多元性评价。对课堂、作业和期末等主要环节的评价要注意及时性、生成性和针对性，以激励为主，调动学生学习的积极性，增强学习艺术的自信心，充分发挥评价的诊断、激励与改善功能，实现促进学生发展的目标。其中，艺术教师应重视表现性评价，表现性评价是基于形成性反馈的评价形式，围绕学生艺术学习实践性、体验性、创造性等特点，注重观察、记录学生艺术学习、实践、创作等艺术活动中的典型行为和态度特征，对学生的艺术学习情况进行质性分析。艺术教师可在传统评价方法上运用视频、档案袋、学生自我评价等进行多维度评价，生成个性化和针对性的评价，在了解学生素养能力的基础上反思并进一步改进教学，提高教学水平。

（三）开发利用资源，促进继承创新

2022 版艺术课标将课程资源细化，分为基础配备资源、开放资源与创新资源三类。艺术课程资源的核心为立足社会主义先进文化、革命文化、中华优秀传统文化，突出艺术核心素养导向，将丰富多样的优秀艺术资源与艺术课程教学有机结合。在条件许可的情况下，完善学校艺术表演、作品展示专门场所的建设，营造具备本校艺术教育和校园文化特色的整体环境，结合文化、美育及艺术教育进行一体化设计，推动学校美育建设和发展；鼓励学校充分利用校外艺术资源和社会文化资源，发掘其蕴含的中华文化精神和社会主义核心价值观，引导学生增进对中华文化的理解与认同，树立文化自信；运用信息化艺术资源，增强艺术教学的直观性、互动性和时代感，利用互联网视听结合、互动共享等优势，促进艺术教学内容和方式的创新发展。

第二节　艺术课程标准修订的原则

 学习任务

了解《义务教育艺术课程标准（2022 年版）》修订的原则。

 学习目的、意义

通过学习本节的知识，了解《义务教育艺术课程标准（2022 年版）》修订的原则并进行正确解读，为开展美术教学打下基础。

学习内容

《义务教育艺术课程标准（2022 年版）》修订的原则、对修订原则的解读。

一、《义务教育艺术课程标准（2022 年版）》修订原则的三个导向

《义务教育艺术课程标准（2022 年版）》的修订原则坚持三个导向。

（一）坚持目标导向

认真学习领会习近平总书记关于教育的重要论述，全面落实有理想、有本领、有担当的时代新人培养要求，确立课程修订的根本遵循。准确理解和把握党中央、国务院关于教育改革的各项要求，全面贯彻习近平新时代中国特色社会主义思想，将社会主义先进文化、革命文化、中华优秀传统文化、国家安全、生命安全与健康等重大主题教育有机融入课程，增强课程的思想性。

（二）坚持问题导向

全面梳理课程改革的困难与问题，明确修订重点和任务，注重对实际问题的有效回应。遵循学生身心发展规律，加强一体化设置，促进学段衔接，提升课程科学性和系统性。进一步精选对学生终身发展有价值的课程内容，减负提质。细化育人目标，明确实施要求，增强课程指导性和可操作性。

（三）坚持创新导向

既注重继承我国课程建设的成功经验，也充分借鉴国际先进教育理念，进一步深化课程改革。强化课程综合性和实践性，推动育人方式变革，着力发展学生的核心素养。凸显学生的主体地位，关注学生个性化、多样化的学习和发展需求，增强课程的适宜性。坚持与时俱进，反映经济社会发展新变化、科学技术进步新成果，更新课程内容，体现课程时代性。

二、《义务教育艺术课程标准（2022 年版）》修订原则解读

以上原则对课程人才培养的根本、美育课程的地位、艺术课程的核心素养导向与教学操作性等内容有了明确的规定性。具体主要体现在以下六个方面。

（一）坚持立德树人，强调素质教育，着力培养担当民族复兴大任的时代新人

坚持以习近平新时代中国特色社会主义思想为指导，全面贯彻党的教育方针，从落实立德树人的根本任务出发修订课标。为了深入学习贯彻习近平新时代中国特色社会主义思想，充分落实立德树人的根本任务，必须根据时代发展的特点和育人要求的变化，对义务教育阶段的艺术课程标准进行及时修订。新课程标准的修订具有重大的战略意义或迫切的现实意义。树立科学的教育质量观，深化改革，构建德、智、体、美、劳全面

培养的教育体系，健全落实机制，坚定理想信念，厚植爱国主义情怀，注重品德修养，加强人文素养，培养奋斗精神，增强综合素质。

（二）把美育放在义务教育艺术课程的首位，强化综合素质培养

义务教育艺术课程标准的修订，充分吸收、尊重 2000 年、2010 年两次课程标准修订工作的经验，借鉴国际艺术课程改的优秀成果，面对我们国家经济科技的迅猛发展和社会生活的深刻变化，以及新时代对提高国民素质和人才培养的新要求，有机融合各种艺术形式。该课程标准充分体现了课程的基础性、综合性、审美性、实践性、创新性和人文性等特点，实现了课程综合育人的价值。美育又称为审美教育，是素质教育的有机组成部分。美育实施的主要途径也是艺术教育。美育的根本目的就是促进人的和谐发展，培养全面发展的人才。早在先秦时期，孔子就大力提倡美育，提倡"诗教"和"乐教"，提出了兴于诗、立于礼、成于乐，要求把道德境界和审美境界统一起来。西方早在两千多年前，亚里士多德就认识到了美育的目的与作用。虽然中国和西方两千多年前就已经产生了丰富的美学思想，但是明确提出美育概念并且加以系统论述的，是近代德国的美学家席勒。1795 年席勒在《美育书简》中第一次明确提出了比较全面和系统的美育理论，这成为审美教育形成独立体系的标志。我国近代最早系统进行传播美育的是清末著名学者王国维，他第一个把美育概念引入中国，并且指出了美育与德育、智育、体育之间不可分割的联系。我国近代美育思想的集大成者是著名的教育家蔡元培先生，他在担任教育总长和北京大学校长期间，不但将美育纳入教育方针，而且致力于将美育付诸实践。

（三）强调多门类艺术课程的综合，实现"五科并举"

2020 年，中共中央办公厅、国务院办公厅印发《关于全面加强和改进新时代学校美育工作的意见》和《关于全面加强和改进新时代美育工作的意见》，明确指出要完善课程设置。学校美育课程以艺术课程为主体，主要包括音乐、美术、书法、舞蹈、戏剧、戏曲、影视等课程。学前教育阶段开展适合幼儿身心特点的艺术游戏活动。义务教育阶段丰富艺术课程内容，在开好音乐、美术、书法课程的基础上，逐步开设舞蹈、戏剧、影视等艺术课程。高中阶段开设多样化艺术课程，增加艺术课程的可选择性。职业教育将艺术课程与专业课程有机结合，强化实践，开设体现职业教育特点的拓展性艺术课程。高等教育阶段开设以审美和人文素养培养为核心、以创新能力培育为重点、以中华优秀传统文化传承发展和艺术经典教育为主要内容的公共艺术课程，强调多门类艺术课程综合，实现"五科并举"。

此次义务教育阶段艺术课程在内涵建构上做了较大改革，由以往的以音乐、美术两门课程为课程主体，改变为在音乐、美术的基础上，增加舞蹈、戏剧（含戏曲）、影视（含数字媒体艺术）三科，由五科课程合为一门课程，即"艺术"。这一改革，是本次课程标准修订最大的亮点。本次新课标修订基本以"两办"文件为依据，吸收了音乐、美术、舞蹈、戏剧（戏曲）影视（数字媒体艺术）。书法在义务教育阶段放在语文课程中进行。

义务教育阶段的艺术课程是艺术类素质课程，而不是艺术类专业教育。相较以往义务教育阶段艺术课程的内涵设置，本次义务教育阶段艺术课程的内涵设置更加丰富，在认真总结和汲取我国艺术教育的经验，充分借鉴吸收世界上多个国家艺术教育有效做法的基础上，增强文化自信，继承、弘扬我国数千年优秀文化艺术传统，最终形成了义务教育艺术课程标准修订方案。

（四）突出义务教育艺术课程的核心素养，推进审美能力的提升

2016 年 9 月 13 日，中国学生发展的核心素养总体框架正式发布，学生发展核心素养主要是指学生应该具备的适应终身发展和社会发展需要的必备品格和关键能力。核心素养是学生知识、技能、情感、态度、价值观等多个方面的综合表现。学科核心素养是以"中国学生发展核心素养"为指导，基于学科特质和学科任务，为培养全面发展、社会需要的人而提出的关键素养。因此，学科核心素养是具有学科特色的素养。义务教育艺术课程标准的修订需要以培育学生核心素养和学科的核心素养为重要原则，义务教育艺术课程核心素养，也是学生发展核心素养的重要组成部分。

义务教育艺术课程核心素养分为四项：审美感知、艺术表现、创意实践、文化理解，是中国学生发展核心素养的本质要求和基本规律。本次课标修订将这一课程的核心素养贯穿始终，充分体现了对学生发展核心素养的高度重视。

（五）学习和理解中华民族的优秀文化和艺术，增强文化自信

中华五千年辉煌历史形成了博大精深的中华文化，是中华民族劳动人民智慧的结晶，是屹立在世界东方自成系统、独具特色的文化。正是这丰厚的中华文化土壤中孕育了光辉灿烂、丰富多彩的中国传统艺术，涌现出历朝历代无数杰出的艺术家和不朽的艺术品，形成了具有浓郁民族特色的中国传统艺术理论和美学理论。中华文化是世界文化极其重要的组成部分，中国优秀艺术也是世界艺术宝库中的瑰宝。弘扬民族文化是对民族文化精神的继承和发扬，真正的民族文化精神渗透在艺术表现的各种样式和形式之中，是民族的灵魂和精神的体现。我们需要吸收和借鉴国外优秀的文明成果，积极参与

世界文化的对话交流，不断丰富和发展中华文化，坚定文化自信。

（六）突出任务群教学，促进学生艺术实践能力的提高

本次课标的修订突出了任务群的教学，旨在促进学生艺术实践能力的提高。在义务教育艺术课程的实践中，突出任务群教学有利于提高学生的实践能力和创新能力。所谓"学习的任务群"，就是以"任务"为导向来设计的、以"主题为引领"的一组结构化教学内容，这些教学内容也可以称为"学习项目"，需要按照与艺术课程核心素养生成、发展、提升相关的主题，围绕教学内容整合学习资源，并且通过真实情景的创设或结构化学习任务进行设计。突出"任务群教学"就是要打破高等艺术教育中突出学科属性的做法。以前义务教育阶段的艺术教学完全模仿高等教育进行。本次课标修订就是把义务教育阶段的各门艺术予以综合，设置不同的学习任务群，通过任务群教学，使学生进行多种艺术样式的学习，获得全面的知识与技能。

突出任务群教学也有利于提高学生艺术创意和艺术创作的实践能力。艺术创意是在艺术活动和创意实践相结合的基础上实现的，应推动开齐开足艺术课程，开展艺术类第二课堂的教育活动，将艺术实践活动纳入课程管理，促进每个学生形成一到两项艺术特长和爱好。义务教育阶段应该让学生掌握一项或者两项艺术特长。

基于育人的根本目标，在正确认识义务教育阶段学生身心发展特征的基础上，突出实践活动，培育学生的基本艺术素养或能力，以主题单元、问题导向、项目式、任务式、情景式教学等方式，融入价值观、情感态度、思维方式、行动能力的培养等要求，精心设计学生的学习实践活动。五门科目在建构各自的课程标准时，应注重各科目自身实践活动的特点以及相关科目之间的交叉与融合。

 **美术课程性质、理念、设计思路**
与课程目标解读

第一节　美术课程性质解读

 学习任务

了解《义务教育艺术课程标准（2022年版）》中美术课程的性质。

 学习提示

通过学习本节的知识，了解《义务教育艺术课程标准（2022 年版）》中美术课程的性质，打开美术教学思路。

 学习内容

《义务教育艺术课程标准（2022 年版）》中美术课程的性质。

一、《义务教育艺术课程标准（2022 年版）》的课程性质

《义务教育艺术课程标准（2022 年版）》整合了音乐、美术、舞蹈、戏剧（含戏曲）、影视（含数字媒体艺术）课程，总体来看，课标涵盖"五科共享"且"分科执行"，五门课程设置了统一的课程性质、课程理念与设计思路、课程目标，在课程内容与学业质量等方面采取"分科执行"的方式。美术学科有自身的规律和特点，美术课程体系、教材、课时、教研、评价都是独立、分开的，教学内容各成体系。《义务教育艺术课程标准（2022 年版）》明晰了艺术课程的性质与美术课程性质的关系，明确了美术课程实施的具体取向，具有重要的价值。

（一）义务教育阶段艺术课程性质解读

《义务教育艺术课程标准（2022年版）》主要从三个层次描述了课程性质。

第一层次为艺术的概念。"艺术是人类精神文明的重要组成部分，是运用特定的媒介、语言、形式和技艺等塑造艺术形象，反映自然、社会及人的创造性活动。艺术教育以形象的力量与美的境界促进人的审美和人文素养的提升。艺术教育是美育的重要组成部分，其核心在于弘扬真善美，塑造美好心灵。"新课标将艺术的概念置于我国义务教育课程改革的大视野，为教育发展和学生发展服务，将"精神文明""艺术形象""创造性活动"作为关键，阐释了中小学艺术课程的内涵。新课标提出了艺术教育的核心是"弘扬真善美""塑造美好心灵"，前者从学科角度出发，后者从教育角度出发，指明义务教育阶段艺术教育的核心方向。新课标通过"形象的力量""美的境界"提高学生的"审美"与"人文素养"，进一步明确了教学设计与实施的方向。

第二层次，艺术课程门类与学科特点。"义务教育艺术课程包括音乐、美术、舞蹈、戏剧（含戏曲）、影视（含数字媒体艺术），是对学生进行审美教育、情操教育、心灵教育，培养想象力和创新思维等的重要课程，具有审美性、情感性、实践性、创造性、人文性等特点。"新课标中的艺术门类突出了艺术学科中的学科综合取向，明晰了艺术学科教育的特点。义务教育艺术课程标准重点是从艺术自身以及艺术教育的本质来阐述它的基本性质。艺术是人类文明的结晶，艺术活动是人类有史以来最重要的精神活动之一，从事艺术活动需要充分借助两个方面的因素：一是各种媒介，包括各种材料、工具、载体，以及人的形体或声音，以各种媒介为工具或材料。二是人的技艺，即人们用创意创造艺术形象与产品的技能与工艺。这两个方面相结合，保证和促进了艺术创造活动的进行。

第三层次，明确艺术课程的任务、原则、价值。"义务教育艺术课程以立德树人为根本任务，培育和践行社会主义核心价值观，着力加强社会主义先进文化、革命文化、中华优秀传统文化的教育；坚持以美育人、以美化人、以美润心、以美培元，引领学生在健康向上的审美实践中感知、体验与理解艺术，逐步提高感受美、欣赏美、表现美、创造美的能力，抵制低俗、庸俗、媚俗倾向；引导学生树立正确的历史观、民族观、国家观、文化观，增强爱党、爱国、爱社会主义的情感，坚定文化自信，提升人文素养，树立人类命运共同体意识，为实现中华民族伟大复兴而不懈奋斗。"这指明了艺术课程肩负着从艺术教育的角度为国家未来培养人才的使命与责任，彰显了国家对艺术课程育人价值的总体要求。

1. 以立德树人为根本任务，培育和践行社会主义核心价值观

社会主义核心价值观是当代中国精神的集中体现，凝结着全体人民共同的价值追求，要以培养担当民族复兴大任的时代新人为着眼点，强化教育引导、实践养成、制度

保障，发挥社会主义核心价值观对于国民教育、精神文明创建、精神文化产品创作生产传播的引领作用，把社会主义核心价值观融入社会发展的各个方面，转化为人们的情感认同和行为习惯，坚持全民行动、干部带头，从家庭做起、从娃娃抓起。因此，义务教育阶段要开始培育和践行社会主义核心价值观。

2. 着力加强社会主义先进文化、革命文化、中华优秀传统文化的教育

先进文化是指中华人民共和国成立以来，在中国共产党的领导下，在建设中国特色社会主义艰难历程中形成的文化内涵。革命文化主要是指 20 世纪上半叶以中国共产党人为代表的先进分子，领导中国人民，在马克思主义指导下进行的艰苦卓绝的革命斗争中形成的文化内涵。中华优秀传统文化博大精深，包括以儒、道、释等多种学说为代表的文化内涵，千百年来涵养和哺育着全民族所有的成员，是义务教育课程中多样文化构成的基础。

3. 坚持以美育人、以美化人，提高学生的审美素养和审美能力

以美育人、以美化人、以美润心、以美培元阐释了美育活动的基本使命。以美育人是美育的基本目标，以美化人是美育的过程，以美润心是美育的核心，以美培元是美育的效应（见图 3-1）。以美培元，是指引领学生在健康向上的生命实践中感知、体验或理解艺术，逐步提高学生感受美、表现美、欣赏美、创造美的能力，强调把学生的艺术教育作为美育的主要方式和主要途径。通过艺术教育和审美实践，学生能充分感知艺术、体验艺术、理解艺术，提高感受美的能力、表现美的能力、欣赏美的能力、创造美的能力。

图 3-1 美育活动的基本使命

4. 引导学生树立正确的世界观、人生观与价值观，为实现中华民族伟大复兴而努力奋斗

党的十九大报告强调要加强爱国主义、集体主义、社会主义教育，引导人们树立正

确的历史观、民族观、国家观、文化观，深入实施公民道德建设工程，推进社会公德、职业道德、家庭美德、个人品德建设。激励人们向上向善，孝老爱亲、忠于祖国、忠于人民。

美育和艺术教育实践的积极意义，在于对一个人整体人文素质的培育和提升。社会每个成员，都有如何确立正确的历史观、民族观、国家观、文化观的问题。具有科学和积极向上的历史观、民族观、国家观和文化观念，也是一个学生人文素养的基本体现。

社会主义先进文化、革命文化、中华传统文化，凝聚着民族历史的血脉，始终彰显中华民族生生不息的情感与生命。要充分认识中国优秀文化艺术的丰厚价值，使之得以更广泛地传播，在当代民族复兴的伟大事业以及人类文明的发展中发挥应有的作用。树立人类命运共同体意识，重视中国优秀文化艺术的对外传播，对提高中华民族文化在国际社会的地位，以及在文化交流活动中的影响力，具有十分积极的意义。

（二）义务教育阶段艺术课程性质特点

义务教育艺术课程，包括音乐、美术、舞蹈、戏剧（戏曲）、影视（数字媒体艺术），是对学生进行审美教育、情操教育、心灵教育、培养想象力和创新思维等的重要课程，具有审美性、情感性、实践性、创造性、人文性等特点。

1. 审美性

艺术的基本特征就是审美性，任何艺术作品都必须具有两个基本条件：一是它必须是人类艺术生产的产品，如一幅绘画是画家画出来的作品，而不是自然界具有的。二是它必须具有审美的价值，即审美性。艺术的审美性是人类审美意识的集中体现，艺术的审美性是真善美的结晶，艺术的审美性是内容和形式美的统一。

2. 情感性

艺术创作和艺术欣赏都离不开情感，情感作为一种审美心理的因素，有十分重要的地位和作用。强烈的情感体验，正是艺术的审美活动区别于科学活动与道德意识活动的显著特点。

3. 实践性

艺术活动很大的一个特点就是实践性，就是要亲身参与艺术实践活动。本次修订的义务教育阶段的艺术课程标准就突出了任务群的教学，有利于提高学生艺术创意与艺术创作的实践能力，提高学生的实践审美欣赏能力。艺术实践能力主要是在各类艺术活动中从事创意性工作的活动。实践性是艺术的一个很大特点，不管是创作实践还是欣赏实践，作为主体的人都要亲身参与。

4. 创造性

艺术的创造性是在艺术活动与创意实践相结合的基础上实现的，具有深厚的理论内涵，又具有浓郁的实践特色，是将理论知识运用于艺术活动的创造性实践活动。在这个基础上的文化创意或者艺术创意，是指在文化活动或艺术活动中的创意，体现为一般艺术活动中的创意性行为。

5. 人文性

从学科分类来看，艺术属于人文学科，人文学科包括文学、历史、哲学、艺术等多个学科，人文性是艺术的重要属性之一。

第二节　艺术课程理念、设计思路与课程目标解读

📋 学习任务

了解《义务教育艺术课程标准（2022 年版）》中的艺术课程设计理念、设计思路、课程目标。

📋 学习提示

通过学习本节的知识，了解《义务教育艺术课程标准（2022 年版）》中的艺术课程设计理念、设计思路与课程目标，为美术课程教学奠定基础。

📋 学习内容

《义务教育艺术课程标准（2022 年版）》中的艺术课程理念、设计思路与课程目标。

一、《义务教育艺术课程（2022 年版）》理念解读

课程理念是指教师在制订课程计划，实施课程教学、推进课程研究的过程中的基本观点和指导思想。课程理念是教师的学生观与教育观的真实反映，体现在教学实施全过程中。

（一）坚持以美育人

以习近平新时代中国特色社会主义思想为指导，以落实核心素养为主线，引导学生积极参与各类艺术活动，感受美、欣赏美、表现美、创造美，丰富审美体验，学习和领会中华民族的艺术精髓，理解中华文化和各民族文化是主干与枝叶关系，激发中华民族自信心与自豪感；了解世界文化的多样性，开阔艺术视野，充分发挥艺术课程在培育学生审美和人文素养中的重要作用。

一是"坚持以美育人"。在教学过程中，教师要以核心素养为主线，提高学生的审美能力、表现与创作能力，积极引导学生参与各类艺术活动，通过艺术实践活动激发学生的民族自信心与自豪感，发挥培育学生审美和人文素养的重要作用。

二是在教育实施中重视对中华优

图 3-2　木版年画

秀传统文化内容的引入与应用。将中华优秀传统文化寓于艺术教育中，实现以美育人价值。在美术学科中，中国画、书法、篆刻、陶瓷、漆器、木版年画（见图 3-2）、印染刺绣等，这些艺术形式蕴含中国劳动人民延续千年的人文气质与精神品格，中华优秀传统文化能与当代文化形成有效联通，激发学生的自信心与自豪感。

三是要陶冶人的情感，培养完美的人格。历代思想家、教育家们都十分重视艺术对人的情感的陶冶和净化作用，强调通过艺术教育来培养人们美好和谐的情感和心灵，从而实现完美人格的建构。艺术教育作为美育的核心内容和主要手段，正是通过以情感人、以情动人的方法，陶冶人的情操、美化人的心灵，使人进入更高的精神境界。艺术教育对社会主义精神文明建设、对全民族精神素质的提高，都有不可忽视的重要意义。

（二）重视艺术体验

重视学生在学习过程中的艺术感知与情感体验，激发学生参与艺术活动的兴趣和热情，使学生在欣赏、表现、创造、联系与融合的过程中，形成丰富、健康的审美情趣；强调艺术课程的实践导向，使学生在以艺术体验为核心的多样化实践中提高艺术素养和创造能力。

中共中央办公厅和国务院办公厅发布的《关于全面加强和改进新时代学校美育工作的意见》明确指出要丰富艺术实践活动，面向人人，建立常态化的学生全员艺术的展演机制，大力推广惠及全体学生的合唱、合奏、集体舞、课本剧、艺术实践工作坊（见图3–3）和博物馆、非遗展示传习场所美术展览（见图3–4）等来体验学习实践活动，班级、年级、院系、校级等群体性地展示交流。有条件的地区可以每年开展大中小学生的艺术专项展示，每3年分别组织1次省级大学生和中小学生综合性艺术展演，加强国家级示范性大中小学学校学生艺术团建设，遴选优秀学生艺术团参与国家重大的演出活动，以弘扬中华优秀传统文化、革命文化、社会主义先进文化等，发挥示范性引领性作用。需要在艺术课程实践中，特别重视引导和安排学生的艺术体验活动。艺术体验强调艺术课程的实践导向，突出表现在对学生动手能力的培养，学生只有进入以艺术体验为核心的多样化实践之中，才能够增进对艺术的欣赏与评价能力、对艺术的传达和表现能力、对不同艺术样式的互融与化合能力、对新的艺术作品的创造能力。只有在这样的学习与体验过程中，才能全面提高学生的艺术素养和创造能力。

图 3-3　扎染艺术实践工作坊

图 3-4　参观美术展览是常见的艺术体验活动

"重视艺术体验"表明艺术课程的开展应扎根于实践之中，并为学生建立起有效的参与机制。教师在组织学生参与艺术活动的过程中，要充分调动学生的主观能动性，鼓励学生针对已有艺术作品、艺术事件、艺术观念等发表自己的意见，将自身的行动力、创造力和审美态度应用于艺术创作，并通过艺术手段解决生活中的真实问题，在实践中验证所学知识、锤炼所学技能。

（三）突出课程综合

以各艺术学科为主体，加强对其他艺术的融合，重视艺术与其他学科的联系，充分发挥协同育人的功能，注重艺术与自然、社会、生活、科技的关联，汲取丰富的审美教育元素，传递人与自然和谐共生理念，促进学生身心健康、全面发展。

课程综合是义务教育艺术课程标准修订的重要原则。教师在教学过程中要将艺术课程理解为一种开放的、内部要素间存在的互动关系、与外部事物形成广泛关联的文化方式。随着时代的发展、科技的进步和社会的变革，各行各业都需要更多高层次的综合性人才。正因为如此，此次义务教育艺术课程标准在艺术的一级学科门类下以融音乐、美术、舞蹈、戏剧（含戏曲）、影视（含数字媒体艺术）为一体的综合性课程体系为追求。义务教育艺术课程的综合性可以从以下三个方面来认识和理解。

1. "艺术"课程本身体现综合性

本次课程标准修订的一个重点、难点、亮点，就是将有关课程综合为一门"艺术"

课程。长期以来，我国艺术教育课程主要是音乐与美术两种艺术样式的课程。

改革开放以来，时代的飞速发展和科技的不断进步，对大中小学教育提出新的要求。义务教育艺术课程的设置与内涵不断深化，在以音乐、美术为主的课程设置中，已经不同程度地增设了其他艺术课程的内容，大大丰富了艺术课程的内涵。进一步推进艺术教育的综合进程，成为义务教育艺术课程发展的重要趋势。因此，新课标修订加入了舞蹈、戏剧（含戏曲）、影视（含数字媒体艺术）等三门，这三门与原来的音乐和美术，共同构成了义务教育阶段"艺术"课程的内容。从这个意义上讲，本次课标修订，"艺术"课程本身就体现了综合性。

2. 加强不同艺术门类之间的交叉与综合，促进课程的相互融合

艺术课程的综合既包含艺术学科内部要素间的综合，即艺术与"其他艺术"的融合，如美术与音乐、音乐与舞蹈等，也包含艺术学科与外部事物的综合，即艺术与"其他学科"的联系，如艺术与历史学的综合、艺术与科技的综合等（见图3-5）。艺术与社会的生活联系紧密，通过艺术解决生活中的真实问题，如环境问题、生活中的审美与装饰等问题。课程的综合是当代艺术对生活的介入，是当代教育对学生培养解决问题能力的重视。"突出课程综合"体现了以学生为中心、以人的全面发展为根本的理念。

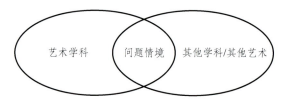

图 3-5　学科、情境与课程综合的关系

突出课程综合，发挥艺术教育促进学生发展的积极作用。一方面，文学与艺术本身就密不可分，甚至不少专家将文学称为语言艺术。历史和哲学同艺术也关系紧密。另一方面，自然科学同艺术的关系也越来越紧密，尤其是随着数字技术时代的来临，虚拟现实技术（VR）、增强现实技术（AR）、混合现实技术（MR），以及人工智能技术（AI）等，正在对各个艺术种类和样式产生重大而深远的影响，深刻地改变了我们的艺术创作形式与艺术表现方法。

3. 强调艺术与自然社会生活之间的观念，突出课程的综合性

艺术教育是美育的重要组成部分。加强美育与社会、生活等方面的联系与融通，也是此次义务教育课标修订中"艺术"课程设置的重点。美育本身就包含自然美育、社会美育、艺术美育等多个方面。

自然美育是美育的重要方面，是指客观世界中自然事物与自然现象的美，自然美可以激发人们热爱生活、热爱自然、热爱祖国的情感；壮丽河山、日月星辰，可以陶冶情

操、净化心灵，唤起理想与激情。

社会美育同样是美育的大课堂，是指社会设施（如美术馆、音乐厅等）的美育、社会环境（如城市环境、校园环境等）的美育，以及社会日常生活美育（如家庭美育、社区美育等）。总而言之，义务教育阶段的艺术教育需要同社会美育有机结合起来，真正为学生营造一种审美的环境与审美的氛围（见图3-6）。

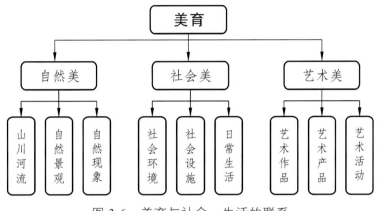

图 3-6　美育与社会、生活的联系

二、《义务教育艺术课程标准（2022年版）》课程设计思路解读

《义务教育艺术课程标准（2022年版）》，坚持全面、深入落实习近平总书记的指示和中共中央、国务院的意见，以丰富和扩展义务教育艺术课程内涵，构建音乐、美术、舞蹈、戏剧（戏曲）、影视（数字媒体艺术）综合一体的学科课程体系为目标，以艺术课程的核心素养为主导，以艺术教育的基础与现实为依据，以实现各个艺术科目相互交融与分学段实施为基本原则。

美术课程建立在对美术知识的选择和组织上，根据学习阶段选择美术课程知识是完成美术课程的基本途径。因此，在明确课程性质和理念后，必须恰当地划分学段。学段划分结合学生身心发展水平与艺术学习特征，呈现"先综合后分项"的设计思路。

（一）适应学生发展，分段设计课程

遵循艺术学习规律，体现学生身心发展阶段性、连续性的特点，义务教育艺术课程分阶段设置如下。

第一阶段（1~2年级）以艺术综合为主，体现从幼儿园综合活动到小学分科课程的过渡与衔接。

第二阶段（3~7年级）以音乐和美术为主，有机融入姊妹艺术，为学生掌握较为全面的艺术基础知识和基本技能奠定基础。

第三阶段（8～9年级）开设艺术选项，促进学生掌握1～2项艺术特长，与高中模块化教学相衔接。

义务教育阶段的艺术课程分为三个阶段：

（1）1～2年级以艺术综合为主。造型·美术课程，从幼小衔接、艺术综合的角度出发，加强课程与学生生活、心理和经验的联系，强调课程的综合性。有机融入舞蹈、戏剧（含戏曲）、影视（含数字媒体艺术）的内容，增强艺术学科之间在知识与方法上的联系，从而体现出幼儿园综合活动到小学分科课程的过渡与衔接。

（2）3～7年级美术课程，具体分为3～5年级和6～7年级两个阶段，具有递进关系。3～5年级以学科知识、更深入的美术实践为基础，培养学生的创新精神和美术实践能力。同时，融合舞蹈、戏剧（含戏曲）和影视（含数字媒体艺术）的内容，提高综合探索和学习迁移的能力。6～7年级逐步扩大美术学科知识和创意表达实践，有机融合其他学科知识，重点发展学生在真实情境中发现与解决问题的能力。

（3）8～9年级开设艺术选项，既适应不同学生发展的不同需要，也考虑高中美术课程模块的接轨，扩大美术学科知识，帮助学生全面理解美术问题和社会问题，进一步提高学生的综合探索与知识迁移能力，发展创造性解决问题的能力。

（二）聚焦核心素养，组织课程内容

聚焦审美感知、艺术表现、创意实践、文化理解等核心素养，围绕欣赏（欣赏·评述）、表现（造型·表现）、创造（设计·应用）和联系/融合（综合·探索）4类艺术实践活动，以任务驱动的方式遴选和组织课程内容。课程内容追求精神高度、文化内涵、艺术价值，坚持以中华优秀传统文化为主题，讲好中国故事，吸收、借鉴人类文明优秀文化成果，追求精神高度、文化内涵、艺术价值相统一。

1. 四个核心素养与四合艺术实践活动的关系

艺术的核心素养是艺术课程育人价值的集中体现。其中，审美感知是艺术学习的基础，艺术表现是学生参与艺术活动的必备能力，创意实践是学生创新意识和创造能力的集中体现，文化理解以正确的价值观引领审美感知、艺术表现和创意实践。四个核心素养相辅相成、相得益彰，贯穿于艺术学习的全过程。

艺术实践活动所划分的"欣赏·评述""造型·表现""设计·应用""综合·探索"四个学习实践活动延续了2011年版美术课程标准的内容。"欣赏·评述"旨在提高学生的审美与人文素养，培养学生健康的审美趣味、审美格调。"造型·表现"帮助学生了解、认知和掌握美术知识、技能与思维方式，运用多种美术的表现形式表达思想和情感。"设计·应用"重在发展学生的创新思维，通过设计、工艺等艺术实践活动，培养学生发现与解决问题的创意实践能力，进行传承与创造。"综合·探索"强调以美术学科为基础的跨学科探究，有助于学生以探究的方式综合运用美术知识和其他知识解决生活情境中的问题，进行综合探索与学习迁移，满足学习、生活和成长的需要（见图3-7）。

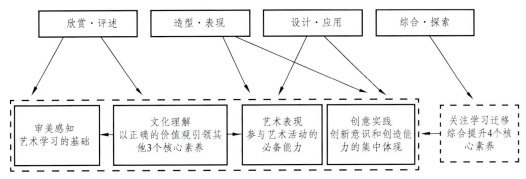

图 3-7　四个核心素养与四个艺术实践活动的关系

从图3-7可以看出，四个核心素养与四个艺术实践活动有紧密的内在联系，能有效实现美术课程的理念。"欣赏·评述"主要培养学生的审美感知与文化理解素养。"造型·表现""设计·应用"培养学生的艺术表现、创意实践素养，"综合·探索"主要关注学生的学习迁移能力，综合提升学生的四个艺术核心素养。

2. 课程内容与任务驱动方式

课程内容是指学生在美术学习实践中需要掌握并有效运用的基础知识和基本技能。

学习任务是指学生需要完成的项目、需要解决的问题。任务驱动方式将以往"以教定学"的方式转变为以"解决问题、完成任务"为主的方式，强调以任务为主线，以学生为主体，学生围绕任务在实践中学习。在完成任务的过程中，学生深入理解美术知识，掌握美术技能，逐步提高综合解决问题的能力，形成艺术核心素养。

课程内容与学习任务的关系是指通过任务驱动方式，以美术实践为基础，以"分段设置的20个核心学习任务"为抓手，有机整合具体学习任务，构建"涵盖16项学习内容"的一体化内容结构体系，并着重处理知识传授与能力培养的统一关系，从而使美术学习成为在教师指导下主动、富有个性地学习的过程，每个学生都能得到充分的发展。

本次修订的亮点是分学段设置不同的学习任务，将学习内容和学业要求嵌入这些任务之中，通过主题式、生活化、情境化、综合性的学习任务，加强课程内容与艺术实践、学生生活的联系，有机融入中华优秀传统文化、革命文化、社会主义先进文化、法治、国家安全、民族团结、生态文明、生命安全与健康等教育内容，特别是马克思主义中国化最新成果，突出学生主体和学科逻辑，体现任务驱动、项目化学习和实践性等特点。

（三）遵循艺术特点，优化评价机制

围绕学生艺术学习实践性、体验性、创造性等特点，将学生的课程学习与实践活动情况纳入学业评价。明确评价依据，改革创新评价的任务设计、题目命制、评价方式；强调评价的统一要求，重视艺术学习的过程性、基础性考核与评价；尊重学生艺术学习的选择性，以学定考，根据学生的选择进行专项考核，体现教、学、评的一致性。

《义务教育艺术课程标准（2022年版）》重视深化学业质量标准研制，增设了学业质量标准的内容，坚持素养导向，以学生为基本出发点，立足学生四个艺术核心素养的发展，素养导向的评价强调要针对学生在解决问题时体现出的艺术核心素养发展水平展开评价。学业评价充分发挥核心素养导向的学业质量标准对教学的指导作用，引导教学更加关注育人价值目标的实现，帮助教师和学生把握教与学的深度和广度，使教育内容的选择、方式的呈现、教学实施的建议、案例的列举等均适合该年龄段学生的发展水平，由低到高呈现螺旋式上升，为阶段性评价、学业水平考试和中考命题等提供重要依据，促进教、学、评、促一体化发展，形成育人合力。

《义务教育艺术课程标准（2022年版）》进行了与内容结构化组织一致的教学方式改革。在分学段目标中分别阐述了"内容要求""学业要求"和"教学提示"。本着为教材编写、教学改革、活动开展、考试评价服务的原则，突出课程标准的可操作性，切实为素养导向的基础教育课程改革与教学方式的改变提供指导。

《义务教育艺术课程标准》（2022年版）还确定了艺术课程评价与考试命题方式的要求。2021年版艺术课标增加了基于核心素养的、具体可操作的过程性评价方式，注重评价主体多元化、评价过程多样化，提出了课堂评价、作业评价、单元和期末评价与考试建议，便于很好地对学生学习过程的表现作出全方位的评价，包括学习态度、学习参与度、学习过程表现、艺术各项能力、艺术素养等不同方面，为各省市根据不同情况展开灵活的评价提供科学、可行的依据。

三、《义务教育艺术课程标准（2022年版）》目标解读

（一）课程总目标及其设定

课程目标是指课程要实现的目标和意图，是确定课程内容、教学目标与教学方法的基础，是对某阶段学生课程学习后在品德、智力、情感等方面实现程度的总体刻画。课程目标体现了编织者的基本意图，是对现在与未来所预期达成结果的直接体现，是教师规划课堂教学的基本依据。《义务教育艺术课程标准（2022年版）》包含五个学科，具有明显的综合性。在课程实施之前首先明确课程总目标、对艺术课程的预期和基本意图设计是必要的。

（二）课程总目标设定维度

在基础教育改革过程中，关于课程目标的表述经历从"双基"（基础知识、基本技能）到"三维"（知识与技能、过程与方法、情感态度与价值观）再到"核心素养"的转变，三种表述方式体现了教育理念的发展。目标表述的侧重点和着力点从学科转变为学生发展，再转变为核心素养的培养。《义务教育艺术课程标准（2022年版）》以"核心素养"为统摄，课程总目标围绕核心素养进行表述和设定。

（1）"感知、发现、体验和欣赏艺术美、自然美、生活美、社会美，提升审美感知能力。"审美感知是艺术课程的基础，学生只有具备基本的审美感知，才能欣赏美。（过程与方法）

（2）"丰富想象力，运用媒介、技术和独特的艺术语言进行表达与交流，运用形象思维创作情景生动、意蕴健康的艺术作品，提高艺术表现能力"，对应艺术表现核心素养。艺术课程与其他课程的区别是实践性。通过艺术语言运用形象思维进行视觉艺术作品创作，追求"意蕴""健康"，是艺术课程的核心价值。（知识与技能、过程与方法）

（3）"发展创新思维，积极参与创作、表演、展示、制作等艺术实践活动，学会发现并解决问题，提升创意实践能力"，对应创意实践素养。艺术实践活动与生活紧密联系，解决生活中的真实问题，参与创作、表演、展示等发展创意思维，是艺术课程的主要诉求。（过程与方法、情感态度与价值观）

（4）"感受和理解我国深厚的文化底蕴和党的百年奋斗重大成就，传承和弘扬中华优秀传统文化、革命文化、社会主义先进文化，坚定文化自信，铸牢中华民族共同体意识。理解文化与构建人类命运共同体的关系，学会包容、尊重和理解"，对应文化理解素养。艺术课程的愿景为文化理解，艺术课程的学习区别于单纯技巧的训练，应该发挥学科价值，提高学生的文化理解能力。（情感态度与价值观）

（三）学段目标

课程学段目标是课程总目标的具体化和明确化，是保证总目标实现的基础，学段目标可操作性强，便于教师的课程实施。学段目标清晰、准确地确定学段教学的具体要求，教学的目的性与针对性更强。

《义务教育艺术课程标准（2022年版）》根据教育对象的年龄与身心发展水平对艺术课程学段进行了划分，并针对各艺术学科在每个学段的特点，制定了四个学段目标。各学段目标分别对应"欣赏·评述""造型·表现""计·应用""综合·探索"进行描述，在具体描述上多使用"能"字开头，表达了学生需要掌握与能够达到的程度，呼应了学业质量水平的要求。

依据课程分段设计思路，在学段划分上形成四个学段（见图3-8）。

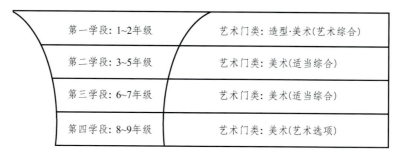

第一学段：1~2年级	艺术门类：造型·美术（艺术综合）
第二学段：3~5年级	艺术门类：美术（适当综合）
第三学段：6~7年级	艺术门类：美术（适当综合）
第四学段：8~9年级	艺术门类：美术（艺术选项）

图 3-8　艺术课程学段划分

1. 第一学段（1~2年级）艺术门类：造型·美术（艺术综合）

此学段教学目标中以"初步""知道""使用"等描述，体现了对该学段学生身心发展水平的考虑，同时体现了造型游戏与姊妹艺术的综合，体现幼小学段的衔接性。

- 能感知身边的美，认识美存在于我们身边，初步形成发现、感知、欣赏美的意识。（欣赏·评述）
- 能使用不同的工具、材料和媒介，按照自己的想法，以平面、立体或动态等表现形式表达所见所闻、所感所想。（造型·表现）
- 学会从外观和使用功能等方面了解物品的特点，能针对某件物品的设计提出自己的改进意见，进行装饰和美化，初步形成设计意识。（设计·应用）
- 能使用不同的工具、材料和媒介，体验传统工艺，学习制作工艺品，知道中国传统工艺是中华民族文化艺术的瑰宝，增强中华民族自豪感。（传统工艺）
- 能积极参与班级或小组开展的美术与姊妹艺术及其他学科相结合的造型游戏活动，初步形成综合探索与学习迁移的能力。（综合探索与问题解决）

2. 第二学段（3~5年级）艺术门类：美术（适当综合）

在这一学段，随着学生年龄的增长和心智水平的提高，美术的学习兴趣逐渐提高。课程目标以"造型元素""形式原理""精益求精"等术语，反映了从初步感知、发现的造型游戏活动到"与他人交流""综合探索""学习迁移"等实践活动内容与专精程度的变化。

- 能运用造型元素、形式原理和欣赏方法，欣赏、评述艺术家的作品，感受中外美术作品的魅力。
- 能运用传统或现代的工具、材料和媒介，创作平面、立体或动态等表现形式的美术作品，表达自己的所见所闻、所感所想，学会以视觉形象的方式与他人交流。
- 了解"实用与美观相结合"的设计原则，为班级、学校的活动设计物品，体会设计能改善和美化我们的生活。

● 能利用不同的工具、材料和技能，制作传统工艺品，学习工艺师敬业、专注和精益求精的工匠精神。

● 能将美术与自然、社会及科技相融合，探究各种问题，提高综合探索与学习迁移的能力。

3. 第三学段（6～7年级）艺术门类：美术（适当综合）

在这一学段，课程内容上表现为从基础知识、基本技能到情感态度与价值观以及能力素养的变化，强调合作、探究、迁移等高阶能力的培养和解决实际问题的能力。

● 能运用造型元素、形式原理和欣赏方法，欣赏、评述世界不同国家和地区的美术作品，领略世界美术的多样性和差异性，养成尊重、理解和包容的态度。

● 能运用传统与现代的工具、材料和媒介，以及习得的美术知识、技能和思维方式，创作平面、立体或动态等表现形式的美术作品，提高创意表达能力。

● 能根据"人与自然和谐共生"的设计原则，对学校或社区进行环境规划，增强社会责任意识。

● 能利用不同的工具和材料，制作或创作工艺品，体会传统工艺"守正创新"的内涵与意义。

● 能结合校园现实生活创编校园微电影，将不同学科的知识融为一体，增强综合探索与学习迁移的能力。

4. 第四学段（8～9年级）艺术门类：美术（适当综合）

此学段学生的身心逐渐成熟，课程目标中"文化自信""人类命运共同体意识""创造性""责任感""继承与发展""综合探索"与"学习迁移"等表述体现了义务教育阶段对学生美术学习的最高要求。

● 了解美术产生的背景及不同时代、地区、民族和国家的美术特征，知道中国古代经典美术作品，以及近现代反映中华民族追求独立解放和党团结带领人民进行革命、建设、改革的美术作品，增强对伟大祖国、中华民族的情感，传承红色基因，坚定文化自信，形成开放包容的心态和人类命运共同体意识。

● 能创作平面、立体或动态等表现形式的美术作品，创造性地表达对自然与社会的感受、思考和认识，发展创造性思维能力。

● 了解"设计满足实用功能与审美价值，传递社会责任"的设计原则，能为学校或社区的学习与生活需求设计作品，形成设计意识，增强社会责任感。

● 了解非物质文化遗产的含义，制作传统工艺品或文创产品，认识继承与发展文化遗产是我们的责任。

● 理解美术对个人发展、社会进步以及构建人类命运共同体具有独特的作用，进一步提高综合探索与学习迁移的能力。

（四）总目标与学段目标的关系

《义务教育艺术课程标准（2022 年版）》总目标与学段目标是宏观与具体、核心素养与学习内容、上位目标与实践途径的关系，总目标符合学生身心成长特点与教育长远规划，切合学生的实际水平与学习需求。阶段目标考虑了学科专业特点与学生发展的需求，在核心素养的统摄下，核心素养、学习内容、实践活动等有较好的层次性与衔接性，符合教育理念，保持总目标与学段目标的内部统一，阶段目标层层递进，充分考虑学生的认知差异。在内容设计上，以传统工艺与数字媒体、微电影等为代表，要求学生既要了解中华优秀传统文化，又要将社会最新的媒介与方法纳入其中，体现了课程的时代性。课程总目标与学段目标保持了内部与外部的高度统一，以核心素养贯穿始终，锚定所要追求的学生素养，为教学和研究提供了抓手。

第四章 艺术课程内容解读

第一节 艺术课程内容整体结构的一体化

 **学习任务**

了解《义务教育艺术课程标准（2022 年版）》课程结构的一体化内涵。

学习目的、意义

通过学习本节的知识，了解《义务教育艺术课程标准（2022 年版）》的课程结构并深入解读，掌握艺术课程内容。

学习内容

《义务教育艺术课程标准（2022 年版）》课程结构的一体化内涵。

义务教育艺术课程包括音乐、美术、舞蹈、戏剧（含戏曲）、影视（含数字媒体艺术）5 个学科，以艺术实践为基础，以学习任务为抓手，有机整合学习内容，构建一体化的内容体系。

一、艺术课程内容综合与跨学科

艺术课程内容整体结构是指艺术课程内容包含的 5 个学科内容与学段融合为整体结构，呈现为符合不同年龄阶段学生身心成长的一体化内容。艺术课程内容是整体结构的核心，艺术各学科内容、各学段内容有机统一，配合衔接。2020 年 10 月，中共中央办公厅、国务院办公厅印发《关于全面加强和改进新时代学校美育工作的意见》，强调："要不断完善课程和教材体系，树立学科融合理念。有机整合相关学科的美育内容，推进课程教学、社会实践和校园文化建设深度融合，大力开展以美育为主题的跨学科教育教学和课外校外实践活动。完善课程设置。学校美育课程以艺术课程为主体，主要包括音乐、美术、书法、舞蹈、戏剧、戏曲、影视等课程。学前教育阶段开展适合幼儿身心特点的艺术游戏活动。义务教育阶段丰富艺术课程内容，在开好音乐、美术、书法课程的基础上，逐步开设舞蹈、戏剧、影视等艺术课程。高中阶段开设多样化艺术课程，增加艺术课程的可选择性。职业教育将艺术课程与专业课程有机结合，强化实践，开设体现职业教育特点的拓展性艺术课程。高等教育阶段开设以审美和人文素养培养为核心、以创新能力培育为重点、以中华优秀传统文化传承发展和艺术经典教育为主要内容的公共艺术课程。"美育以艺术教育为主体，艺术课程是中小学美育的重要组成部分。

《义务教育艺术课程标准（2022 年版）》规定：义务教育阶段，1～2 年级开设"唱游·音乐""造型·美术"；3～7 年级开设音乐、美术，融入舞蹈、戏剧（含戏曲）、影视（含数字媒体艺术）；8～9 年级开设艺术选项，包括音乐、美术、舞蹈、戏剧（含戏曲）、影视（含数字媒体艺术），每位学生至少选择 2 项学习。有条件的地区和学校，可在 7 年级开设舞蹈、戏剧（含戏曲）、影视（含数字媒体艺术），供学生选择。为兼顾"六三"学制、"五四"学制，6～7 年级的学业要求分年级表述。

在美术课程内容的衔接上，注重激发学生艺术兴趣和创新意识，培养学生健康向上的审美趣味、审美格调，帮助学生掌握 1～3 项艺术特长，引导学生积极参与各类艺术活动，感受美、欣赏美、表现美、创造美，丰富审美体验。义务教育艺术课程标准中的一体化指课程的综合，并非单一学科的拼凑，而是加强艺术学科内部、艺术学科与其他学科的联系，注重艺术与自然、社会、科学、生活的联系，旨在充分发挥各学科的协同育人功能。只有科学有效地实现学科融合的综合学习，才能让学生在艺术课堂中逐步形成适应个人终身发展和社会发展所需要的正确价值观、必备品格和关键能力，才能全面提升学生的核心素养。

在跨年级课程的衔接上，使艺术课程内容与学生相适应。课程的衔接体现在师生互动过程中，因而教师在教学时要立足学生原有基础，主动了解学生的已有知识经验水平，熟悉所教课程的发展脉络与结构。在讲授新的课程内容前，复习先前学过的相关课程内容，引导学生在对新旧知识的比较中主动建立连接，更好地学习新的课程内容。新课标中的课程衔接导向还体现在课程内容衔接时要做到综合化、建构化、情境化，引导学生根据生活情境综合运用艺术与其他学科知识、技能和思维方式，创造性地完成艺术作品或解决问题，提高创造力和解决问题的能力，营造课程衔接教育学的生态场。

二、艺术课程内容总体结构的关系

"以艺术实践为基础，以学习任务为抓手，有机整合学习内容，构建一体化的内容体系。"这概括了艺术课程内容的总体结构。艺术实践是整个学习活动的过程，学习内容是媒介，学习任务是艺术实践活动的抓手，艺术语言（或美术语言）贯穿于学习内容和学习任务中（见图 4-1）。

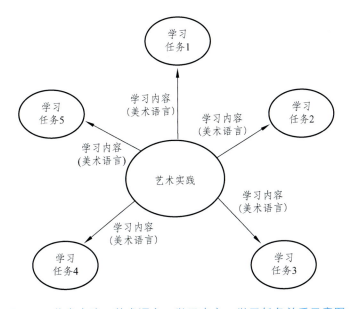

图 4-1　艺术实践、美术语言、学习内容、学习任务关系示意图

美术课程内容是艺术课程的有机组成部分，《义务教育艺术课程标准（2022 年版）》中的美术学科内容包括"欣赏·评述""造型·表现""设计·应用"和"综合·探索"4 类艺术实践，涵盖 16 项具体学习内容，分学段设置不同的学习任务 20 项，并将学习内容嵌入学习任务中（见图 4-2）。

艺术实践包括欣赏（欣赏·评述）、表现（造型·表现）、创造（设计·应用）和联系/融合（综合·探索），是学生学习艺术、提升艺术素养必须经历的活动和过程。学习内容是学生在艺术实践中需要掌握并有效运用的基础知识和基本技能。学习任务是艺术实践的具体化，是学生在现实生活或特定情境中综合运用所学知识、技能等完成的项目、解决的问题等。不同学习阶段的五项学习任务组成大范围的"学习任务群"，是指以学习项目为载体，以任务为驱动，整合学习情境、艺术实践、学习内容、学习活动和美术语言，引导学生在运用美术的过程中提升美术素养的学习任务群。

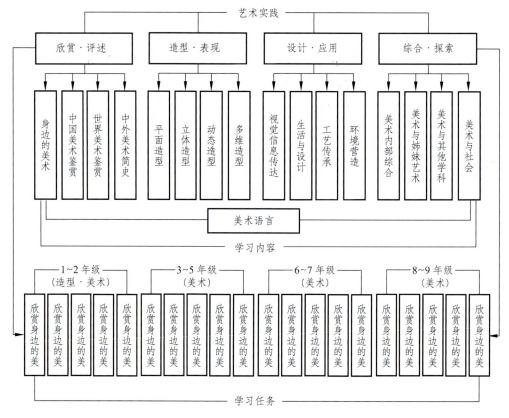

图 4-2　美术学科课程内容框架

第二节　艺术课程的艺术实践与学习任务

 学习任务

了解《义务教育艺术课程标准（2022 年版）》中艺术课程的艺术实践、学习任务。

 学习目的、意义

通过学习本节的知识，了解艺术课程的艺术实践与学习任务，对艺术课程标准有一定的认识。

 学习内容

《义务教育艺术课程标准（2022 年版）》中艺术课程的艺术实践、学习任务。

一、艺术实践活动的价值

艺术实践是艺术家通过各种媒介和技术进行创作的过程，涵盖视觉艺术、表演艺术、音乐、舞蹈、戏剧、影视等多种形式。艺术实践活动是指学生在学习艺术、提升艺术素养必须经历的活动和过程。《义务教育艺术课程标准（2022 年版）》将艺术实践活动分为欣赏、表现、创造和联系/融合四类，美术学科与之对应的四个实践门类是"欣赏·评述""造型·表现""设计·应用""综合·探索"。

中小学艺术实践活动以核心素养为目标，强调中华优秀传统文化、革命文化、社会主义先进文化的融入，如通过以传统戏曲、民间工艺等实践增强文化认同。通过艺术与科技、艺术与人文、艺术与社会议题相结合的项目式主题实践活动，引导学生运用学科专业知识与技能，培养学生的创新能力与解决问题的能力。

中共中央办公厅、国务院办公厅印发的《关于全面加强和改进新时代学校体育工作的意见》和《关于全面加强和改进新时代学校美育工作的意见》提出，要"丰富艺术实践活动。面向人人，建立常态化学生全员艺术展演机制，大力推广惠及全体学生的合唱、合奏、集体舞、课本剧、艺术实践工作坊和博物馆、非遗展示传习场所体验学习等实践活动，广泛开展班级、年级、院系、校级等群体性展示交流。有条件的地区可以每年开展大中小学生艺术专项展示，每 3 年分别组织 1 次省级大学生和中小学生综合性艺术展演。加强国家级示范性大中小学校学生艺术团建设，遴选优秀学生艺术团参与国家重大演出活动，以弘扬中华优秀传统文化、革命文化、社会主义先进文化为导向，发挥示范引领作用。从目前开展的三年一次的全国中小学艺术展演活动来看，对中小学艺术实践活动的要求是"基础性"与"创造性"并存，既要依据教科书内容开展欣赏、书法、绘画等基本的艺术体验活动，又要开展以创意为主的艺术实践工作坊活动，需要呈现具有丰富创造力的艺术实践活动。

二、学习任务是培育核心素养的路径

在《义务教育艺术课程标准（2022 年版）》（以下简称"新课标"）中，"学习任务"是一个核心概念，是指为实现艺术课程目标而设计的、以学生为主体的系统性学习活动。其本质是围绕特定主题或问题，通过整合知识、技能与情境，引导学生在实践中发展核心素养。艺术课程（尤其是美术课程）学习过程，通常被看作习得某项技能的技术性、程序性实践过程。核心素养本位的美术教学提倡构建真实的学习情境，通过探究性问题开展艺术实践，完成相应的艺术创作。学习任务是美术学科学习内容的载体，在达成某项技能的阶段目标中，以艺术实践为主要形式。

教育家杜威曾提出"做中学"的教育理念，强调教学过程的实践性，即体验真实，获取"直接经验"。另外，"真实性学习"也强调学习者要解决现实生活当中的实际问题，在社会生活中学习实践所需要的知识和技能。新课标中的 20 项美术学习任务均要求学生以真实性学习情境为出发点，完成相应的艺术实践，获取一手经验。

在《义务教育艺术课程标准（2022 年版）》中，"学习任务"作为课程实施的核心载体，承担着将宏观教育目标转化为学生核心素养发展的关键功能。它通过"情境化设计"和"实践性活动"，将课程目标（知识、能力、价值观）与核心素养（审美感知、艺术表现、创意实践、文化理解）有机链接，形成"目标→任务→素养"的完整闭环。在具体实施中，依托课程分段设计的思路，分别设置了不同的学段目标。将学段目标逐层分解，分散到每一课时，便产生了目标的最小单元——教学目标。因此，学习任务是由"目标"向"核心素养"动态转译的环节与过程（见图 4-3）。

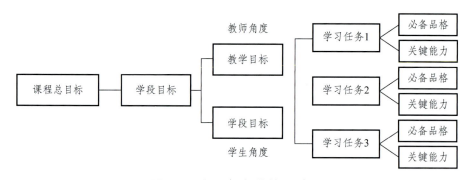

图 4-3　学习任务的转译过程

三、完成学习任务的途径和方法

《义务教育艺术课程标准（2022 年版）》提到："学习任务是艺术实践的具体化，是学生在现实生活或特定情境中的综合运用所学知识、技能等完成的项目、解决的问题等。"在教学实施过程中，强化"以学习任务为抓手，有机整合学习内容"的教学设计思路，拓展学生多元化的学习方式，能培养学生运用学科知识和技能解决真实问题的能力。

学习任务包含多种教育要素与方式方法，学习任务与师生"教—学"的方式（见图4-4）影响教学目标的实现和核心素养的达成。

学习任务通过师生"教—学"的组织关系呈现。无论教学形态与教学方式如何转化，最终都要在教学实践环节进行检验。从学习任务与"教—学"关系的组织逻辑（见图 4-5）可以看到，教师通过"确定教学主题—设计教学方案—组织教学素材"等一系列教学活动，将学习内容有机融入教学实践（艺术实践）环节，并设置相应的学习任务，引导学生探索学科逻辑、掌握学科知识、培养科学思维。

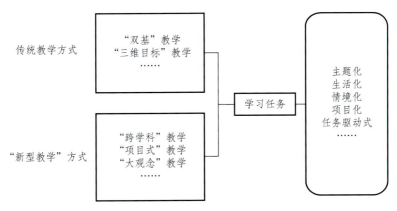

图 4-4　学习任务与师生"教—学"方式关系

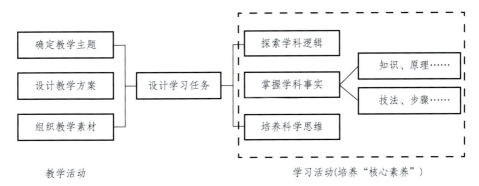

图 4-5　学习任务与"教—学"关系的组织逻辑

第三节　第一学段学习任务表现

 学习任务

了解《义务教育艺术课程标准（2022 年版）》中艺术课程第一学段学习任务的表现。

 学习目的、意义

通过学习本节的知识，了解艺术课程第一学段的学习任务表现，对艺术课程标准有一定的认识。

 学习内容

《义务教育艺术课程标准（2022 年版）》中艺术课程第一学段学习任务的表现。

《义务教育艺术课程标准（2022 年版）》提出："第一学段学习任务主要帮助学生感知身边的美，认识美存在于我们周边，初步形成发现、感知、欣赏美的意识。"第一学段学习任务在知识的深度和广度上较以往都有明显的增加，以更明确的方式提出关于设计意识、传统工艺、跨学科学习的要求，为第二学段的学习打下基础。

一、第一学段（1~2 年级）学习任务分析

（一）学习任务 1：欣赏身边的美

1. 学习内容分析

- 观赏周边自然环境中的山水、树木、花草、动物等，感知其形状美、色彩美和肌理美，体会美存在于我们周围的环境之中。
- 识别学校或社区公共场所中常见的标识，从线条、形状、色彩的角度进行分析，了解其用途和所传递的信息。
- 观赏我国与世界各国表现儿童生活的美术作品，运用线条、形状、色彩、肌理等造型元素，以及对称、重复等形式原理，进行欣赏、评述，了解不同国家的儿童生活。

　　在欣赏对象方面，本学段要求学生欣赏自然景物、人造物、生活标识、儿童美术作品的美，加强所学知识与现实生活中的融通，并能够欣赏与评述，表达自己的观点。

　　在欣赏方法上，本学段强调从"线条、形状、色彩、肌理等造型元素，以及对称、重复等形式原理"引导学生从学科的角度掌握欣赏的基本方法，为"造型·表现"等学习任务打下良好基础。

2. 学业要求分析

- 能根据周边环境中各种自然物与人造物，运用线条、形状、色彩、肌理等造型元素，以及对称、重复等形式原理，欣赏和评述其中的美。
- 能与同学分享、交流对身边的美的体会，初步形成发现、感知、欣赏美的意识。

　　该学段学业要求主要表现在"掌握学科知识""表达审美感受"两个方面。前者要求学生掌握知识，支撑欣赏活动；后者要求学生与同学交流、分享自己的审美体会，促进学生审美思维的发展。在教学过程中，教师通过提问、讨论、分享等方式，引导学生表达。

（二）学习任务 2：表达自己的感受

1. 学习内容分析

本学习任务主要引导学生尝试使用不同的工具、材料和媒介，以及线条、形状、色彩、肌理等造型元素和对称、重复等形式原理，按照自己的想法，以平面、立体或动态等表现形式表达所见所闻、所感所想。

- 尝试用毛笔等工具，在宣纸上进行水墨游戏活动，体验笔墨趣味。
- 尝试利用图形的对印，在各种材质的纸上进行表现，体会对称的形式原理。
- 通过剪贴、刻画，用拓印、压印等方法制作版画。
- 根据自己的观察与感受，尝试用纸、泥等材料，通过折、叠、揉、搓、压等方法，塑造立体造型作品。
- 选择自己喜欢的玩具或制作的泥塑，尝试用数码相机、摄像设备拍摄，制作定格动画作品。

该学段要求学生通过体验不同材料的特性，运用美术学科知识，理解美术技法；注重鼓励学生表达"所见所闻、所感所想"，尊重学生表达的多样性，使学生认识到"与众不同的看法与表现"是创新的基础。在该段课程实施中，应考虑学生的身心特点，强调运用"水墨游戏""对印""材质"引导学生体验美术技法，激发学习兴趣，发展想象与创造能力。

2. 学业要求分析

- 对美术创作具有好奇心和想象力。
- 能使用不同的工具、材料和媒介，创作不同形式的美术作品，表达自己的感受。
- 能分享与交流自己的作品，理解同学的作品，尊重他人的看法。
- 能在教师的指导下养成安全使用不同工具、材料和媒介的习惯。
- 在活动结束时，能收拾、整理工具和材料，保持课桌和教室的整洁。

该段学业要求学生具有"好奇心和想象能力"，能使用工具、媒材、分享与交流作品等，养成良好的生活习惯。

（三）学习任务 3：改进生活用品

本学习任务主要引导学生学会从外观和使用功能等方面了解物品的特点，针对某件物品提出自己的改进意见，进行装饰和美化，初步形成设计意识。

1. 学习内容分析

- 从形状、色彩、比例、材料和使用功能等方面欣赏日常生活用品。

- 针对自己或他人的一件生活用品，根据外形和使用功能等，提出改进意见，进行装饰和美化。

本学段任务对学科知识的要求有所不同，要求学生从"形状、色彩、比例、材料和使用功能"等方面欣赏日常生活用品，加强所学知识与生活的联系。同时，鼓励学生从生活出发，尝试动手实现自己的设计意图，树立设计意识。

2. 学业要求分析

- 能根据生活用品的外形和使用功能提出改进意见，进行装饰和美化，并与同学分享和交流。
- 知道我们的生活离不开设计，日常生活用品都是经过设计的。

本任务的学业要求主要体现在"提出改进意见""装饰美化""交流分享"三个方面，学生在回答问题、讨论、提交作业时有明确的外显行为，教师需设计详细的评价方案。在思想观念上，要求学生将所学知识与生活紧密联系，"知道我们的生活离不开设计，日常生活用品都是经过设计的"。确立设计思维，让学生交流、讨论、自评或互评等，观察学生的设计意识与能力。

（四）学习任务 4：体验传统工艺

1. 学习内容分析

本学习任务主要引导学生利用不同的工具、材料和媒介，体验传统工艺，学习制作工艺品，知道中国传统工艺是中华民族文化艺术的瑰宝，增强中华民族自豪感。

- 在体验传统工艺和制作工艺品时，了解材料的特点，如粗糙、柔滑、坚硬等。
- 运用撕、剪、编织等方法制作工艺品，如剪纸、小挂饰等。
- 知道中国传统工艺来自民间，是中华民族文化艺术的瑰宝。

本任务主要引导学生熟悉中国传统工艺，体验传统工艺品的材料、媒介的特性，了解传统工艺包含的智慧等隐性文化价值；引导学生建立情感联系，树立"中国传统工艺是中华民族文化艺术的瑰宝"观念。

2. 学业要求分析

- 能寻找身边的各种工具和材料，利用不同材料的特点，设计并制作工艺品。
- 在制作工艺品时，能与他人交流自己的构想或制作过程，学会倾听别人的意见。
- 养成安全使用工具和材料的习惯。

本任务要求学生"在制作工艺品时，能与他人交流自己的构想或制作过程""学会倾听别人的意见"，对学生使用传统工艺专业术语交流提出了一定要求。同时，本任务对使用工具与材料的习惯养成提出了要求。

（五）学习任务 5：参与造型游戏活动

1. 学习内容分析

本学习任务主要组织学生参与班级或小组开展的美术与姊妹艺术及其他学科相结合的造型游戏活动，初步形成综合探索与学习迁移的能力。

● 利用画笔或计算机，运用线条、形状、色彩等造型元素，以及对称、重复等形式原理，为自己设计名片，为参加小组或班级活动的同学设计席卡等。

● 围绕庆贺生日、过新年、关爱、环保等主题，创作头饰、面具、布景等，以舞蹈、戏剧、动画等形式进行展演。

本任务强调学生要根据生活中的情境需求设置任务，通过不同的学习任务尝试灵活使用多学科知识解决问题，将所学"线条、形状、色彩""对称、重复"等美术学科知识转化为素养，形成独立解决"美化生活难题"的能力。

2. 学业要求分析

● 能积极参与各种造型游戏活动。

● 能根据小组或班级活动的要求设计或创作作品。

● 能尊重同学的作品，理解他人的看法。

该学习任务要求学生具有积极的学习态度，具有初步的设计意识，能根据他人需求和功能要求创作作品。同时，要求学生能尊重他人，以便于团队合作。

二、第一学段教学提示分析（见图 4-6）

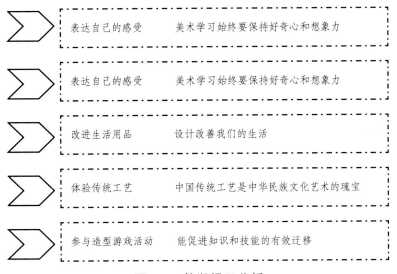

图 4-6　教学提示分析

1. 从"培养兴趣"向"学习知识"过渡

第一学段是从幼儿园到小学阶段的衔接阶段，从"感知""表达""兴趣"的教学内容来看，本学段意在引导学生从"培养兴趣"向"学习知识"过渡，为更高学段的"形成素养"打下基础。

2. 学习任务的排序逻辑：学习、实践、形成素养与世界观

教师应该了解学习任务群包含的学习（知识）、实践与形成素养的逻辑关系，有意识地促使学生形成素养。本学段以"欣赏身边的美"为任务起点，向艺术家学习美术技法与美术表现的方法，在"表达自己的感受""改进生活用品""体验传统工艺"学习任务中，尝试实践，强化美术知识的学习；在"参与造型游戏活动"中，强调自主发现问题，灵活运用所学知识，促使学生初步形成素养。

在发现问题、解决问题阶段，学生在实践中需要灵活运用多学科知识，探讨知识的适用范围、使用经验等，促使学生形成科学的知识观。

在培养素养的目标上，新课标强调培养学生"造型·美术"的学习习惯，用美术的思维与知识改造世界，帮助学生树立审美的世界观。

3. 设计改善生活，学习任务与生活建立联系

在改造对象的选择上，新课标建议"选择学生经常使用的生活用品"，强化学生的感性经验与真实生活的联系。学校、社区等环境与学生生活息息相关，美术作品与知识只有与学生生活产生关联，才能使学生获得感性认识，并加强所学美术知识与现实生活的融会贯通。美术知识与技能是美术表达的基础，"表达自己的感受"强调让学生表达自己的想法与观点。在活动的组织上，要求学生参与造型游戏活动，体现学段的衔接性，促进知识和技能的有效迁移。

4. 了解传统工艺材料与文化

第一学段对体验传统工艺的教学要求主要体现在对材料特性的把握上，教师选择不同材料的工艺品，引导学生思考材料特性与工艺品原有功能之间的关系，体验工艺隐含的文化，加强文化挖掘，理解开发材料、处理材料、制作工艺品的原因，认同传统工艺的智慧。

第四节　第二学段学习任务表现

📋 学习任务

了解《义务教育艺术课程标准（2022 年版）》中艺术课程第二学段学习任务的表现。

📋 学习目的、意义

了解艺术课程第二学段学习任务的表现，对艺术课程标准有一定的认识。

📋 学习内容

《义务教育艺术课程标准（2022 年版）》中艺术课程第二学段学习任务的表现。

一、第二学段（3～5 年级）学习任务分析

（一）学习任务 1：感受中外美术的魅力（欣赏·评述）

1. 学习内容分析

本学习任务主要帮助学生学会运用造型元素、形式原理和欣赏方法，欣赏、评述艺术家的作品，感受中外美术作品的魅力。

● 欣赏中外著名艺术家的美术作品，如绘画、雕塑、书法、篆刻、摄影、设计、建筑、媒体艺术等，了解不同美术门类的特点。

● 欣赏中国民间美术作品，如剪纸、皮影、年画、泥塑、刺绣、蜡染等，了解作品的材料、用途和特点。

● 学会用感悟、讨论、比较等方法，运用线条、形状、色彩、肌理等造型元素，以及对称、重复、对比、变化等形式原理，欣赏、评述中外美术作品。

本学段的学习内容涉及基础知识和基本技能、中外美术作品的形式和门类、中国民间艺术的形式与门类、中外著名艺术家的美术作品等，要求学生学会感悟、讨论、比较等方法，运用美术语言与形式原理欣赏，强调方法的运用与个人感悟。

本学段强调以文化自信为导向的审美观，欣赏中国艺术名家作品与中国民间美术作品，用国际视野欣赏外国艺术作品，逐步提高审美感知和文化理解素养，运用美术语言评述作品，注重个人观点的表达。

2. 学业质量标准分析

- 知道中外著名艺术家及其作品，以及美术的不同门类。
- 知道中国民间美术作品及其不同种类。
- 能运用美术语言及 1~2 种方法，评述中外美术作品，与同学分享和交流自己的体会。

本学段学业质量为美术学科知识与技能的掌握情况，知道基本的美术知识、美术语言、美术作品形式原理，与同学分享交流，表达个人观点，逐步培养沟通与交流能力。

（二）学习任务 2：表达自己的想法（造型·表现）

本学习任务主要引导学生探索用传统与现代的工具、材料和媒介，创作平面、立体或动态等表现形式的美术作品，表现自己的所见所闻、所感所想，学会以视觉形象的方式与他人交流。

1. 学习内容分析

- 通过调和不同的颜色，认识原色、间色、复色、对比色和邻近色的特点。
- 根据自己对生活的感受，使用不同的工具、材料和媒介，采用写实、夸张等手法进行表现。
- 在中国画学习中，尝试运用毛笔、宣纸等绘画工具和材料，体验笔法（中锋、侧锋）、墨法（焦、浓、重、淡、清）的特点。
- 在吹塑板、雪弗板、木板等材料上，通过剪贴、针刻、雕刻的手法，以及拓印、压印等方法，创作黑白或套色版画。
- 根据自己的想象与构思，用纸、泥等材料，以及折、叠、捏、塑、组合等方法，塑造立体造型作品。
- 选择身边的物品或自己制作的泥塑作品，用数码相机、摄像设备拍摄，结合计算机动画软件制作定格动画作品。

本学段学习任务中的美术知识与技能相对于第一学段专业性更强，主要"引导学生探索传统与现代工具、材料和媒介，通过不同表现形式，创作美术作品，学会以视觉形象的方式与他人交流"，加强与生活的联系。"选择身边的物品""根据自己对生活的感受"等描述强调生活的真实情境，"数码相机、摄像设备、计算机动画软件"等强调当代社会发展的信息化、数字化、多元化创作手段与方法。

2.学业要求分析

- 能使用传统或现代的工具、材料和媒介，创作不同表现形式的美术作品，表达自己对生活的看法。

● 在创作美术作品时，能提出各种构想，并尝试运用各种表现形式和方法，创作富有创意的美术作品。

● 知道中国传统绘画技法是由我国历代画家不断探索、总结而成的。

● 在活动结束时，能收拾、整理工具和材料，保持课桌和教室的整洁。

本阶段的学业要求学生细化美术学习的材料与媒介，加强对中国传统绘画技法的认识；强调学生思想的表达，运用美术语言、形式和方法创作，"创意"尝试表现形式与技术方法的创新，逐步提高视觉表现能力，养成良好的生活习惯。

（三）学习任务 3：装点我们的生活（设计·应用）

本学习任务主要引导学生了解"实用与美观相结合"的设计原则，为班级、学校的活动设计物品，体会设计在改善和美化生活方面的作用。

1. 学习内容分析

● 观察学习与生活用品，了解"实用与美观相结合"的设计原则，从舒适、美观和便利的角度，发现其不足之处，用手绘草图等形式呈现自己的改进想法。

● 从实用、美观和环保的角度，对物品进行包装设计。

● 利用画笔或计算机，运用造型元素和形式原理，为班级或学校的活动设计标识、请柬、贺卡、图表、海报等。

本学段的学习任务涉及知识与技能，主要引导学生了解"实用与美观相结合"的设计原则，加强与生活的联系。如从"实用、美观、环保"的角度，为物品进行包装设计。"为班级或学校的活动设计"强调将专业知识与现实生活联系起来，以任务的形式，通过真实情境发现问题、解决问题，表达自己的想法，从功能与形式统一的角度设计生活用品，提出改进意见，逐步形成设计意识。

2. 学业要求分析

● 能针对学习或生活用品设计中存在的不足之处，用手绘草图的形式提出改进建议。

● 能从实用、美观和环保的角度，为班级、学校的活动设计各种作品。

本学段要求学生能提出改进意见，能设计各种作品，强调能力应达到的要求。设计服务于生活，从生活出发，使学生面对真实问题，提出改进意见，创新设计方案；引导学生认识共性与个性的关系，打破形式原理与法则，提高解决实际问题的能力。

（四）学习任务 4：学做传统工艺品（设计·应用）

本学习任务主要引导学生利用不同的工具、材料和技能制作传统工艺品，学习工艺师敬业、专注和精益求精的工匠精神。

1. 学习内容分析

● 在欣赏民间工艺品时，了解其特定的制作方法，体会工艺师敬业、专注和精益求精的工匠精神。

● 通过剪、刻、折、叠、卷曲、捏塑、插接等方法制作工艺品，如剪纸、编织、刺绣、印染、陶艺、风筝、民间玩具等。

本学习任务重点是欣赏与制作传统工艺品。引导学生学习与利用不同工具、材料和技能制作传统民间工艺品，使学生理解并传承"工艺师敬业、专注和精益求精的工匠精神"。

2. 学业要求分析

● 能运用传统的工艺方法制作工艺品。

● 养成安全使用工具和材料的习惯。

本学业要求学生能够运用传统工艺方法制作工艺品，通过欣赏与制作工艺品，激发学生对传统工艺品的热爱；引导学生从材料特性、技术方法、工艺流程、形式原理、工匠精神等方面开展学习，提高艺术素养。

（五）学习任务 5：融入跨学科学习（综合·探索）

本学习任务主要组织学生以个人或小组合作的方式，将美术与自然、社会及科技相融合，探究各种问题，提高综合探索与学习迁移的能力。

1. 学习内容分析

● 探究身边环境中存在的问题，综合运用不同学科的知识、技能和思维方式，创作图画书、摄影作品、动画、微电影或戏剧小品等，提出解决环境问题的思路与方案，并进行展示与交流。

● 结合生活中常见的或具有地域特色的中华优秀传统文化内容，综合运用不同学科的知识、技能和思维方式，绘制民俗文化图谱或视觉笔记；创作画册、摄影集、动画或微电影等；设计与制作文创产品，策划传播方案，并进行展示与交流。

● 尝试通过图形化工具，运用简单的程序语言，设计日常物品与居室环境，体验编程与设计的关系。

本学习任务中的"以个人或小组合作的方式，将美术与自然、社会及科技相融合，探究各种问题，提高综合探索与学习迁移的能力"，强调学科的融合，强调合作交流能力，以及以解决问题为任务的综合探索与知识迁移能力。

2. 学业要求分析

● 能针对不同问题，用美术与其他学科相结合的方式提出解决问题的思路和方案，设计与制作不同形式的作品。

● 能主动学习，具有问题探究的意识和能力。

本阶段学业要求强调运用学科融合的方式解决问题，在目标达成方面要重点突出具有问题意识与解决问题的能力。

二、第二学段教学提示分析

1. 从"学习知识"向"综合运用"过渡

第二学段的小学 3~5 年级。从"感受""表达""装点""学做""跨学科"的教学内容来看，本学段意在引导学生从"学习知识"向"综合运用"过渡，为更高学段的"核心素养"培养打下基础。

2. 学习任务的排序逻辑：学习、实践、形成素养与世界观

教师应该了解学习任务中包含的学习（知识）、实践与形成素养的逻辑关系，有意识地促使学生形成素养。本学段以"感受中外美术的魅力"为任务起点，通过多种欣赏方式，讨论、探究、比较等教学方法，感受中外美术的魅力，理解"中国传统美术具有强大的生命力和凝聚力"；在"表达自己的想法""装点我们的生活""学做传统工艺品""融入跨学科"学习任务中，通过生活实践，强化美术表达，解决真实问题；围绕"学生日常生活经验及相关美术学习活动"，强调基于问题学习，灵活运用所学知识，促使学生初步形成素养。

在基于问题学习、基于项目学习的过程中，学生在解决问题时要有跨学科知识，要探讨学科知识的融合，有创意地解决问题，进而形成科学的知识观。

在培养素养的目标上，新课标强调培养学生的交流表达能力，理解美术是表现自我和他人的重要方式，鼓励学生创造性表达。

3. 装点生活，学习任务与生活建立联系

在改造对象的选择上，新课标中的"引导学生观察生活、引导学生深入观察并自主发现问题、引导学生观察工艺师选择适当的工具材料"三个"引导观察"，强调学生的感性经验与真实生活的联系。本阶段教学重点将学科知识与生活紧密联系，强化运用学科知识解决生活实际问题的能力，运用美术学科与跨学科知识表达想法、装点生活，创造性地解决问题。在任务的设计上，要求创设丰富多样的教学情境，促进知识和技能的有效迁移。

4. 学做传统工艺品

第二学段对学做传统工艺品的教学要求主要体现在对工具、工艺材料特性、工艺流程的把握上，引导学生思考材料特性与不同工艺品的特点，体验工艺品隐含的文化，引导学生理解工艺师敬业、专注和精益求精的工匠精神，坚定文化自信。

第五节　第三学段学习任务表现

 学习任务

了解《义务教育艺术课程标准（2022年版）》中艺术课程第三学段学习任务的表现。

 学习目的、意义

通过学习本节的知识，了解艺术课程第三学段学习任务的表现，掌握本学段的学习任务与教学策略。

 学习内容

《义务教育艺术课程标准（2022年版）》中艺术课程第三学段的学习任务与学业要求。

一、第学段（6～7年级）学习任务分析

（一）学习任务1：领略世界美术的多样性（欣赏实践）

1. 学习内容分析

本学习任务主要引导学生运用造型元素、形式原理和欣赏方法，欣赏、评述世界不同国家和地区的美术作品，领略世界美术的多样性和差异性，学会相互尊重、理解和包容。

本学段的学习任务重在"领略"世界美术，强调认识世界美术的多样性及其意义。本阶段的欣赏活动介于"感性地"感受作品与"理性地"鉴赏作品之间，除了学习必要的世界美术知识、初步形成美术史线索外，还要掌握一定的欣赏方法，通过欣赏提升审美感知和文化理解等艺术课程核心素养。

学习不同国家的绘画、雕塑、书法、篆刻、摄影、设计、媒体艺术作品与剪纸、皮影、面具、泥塑、刺绣、蜡染等民间美术作品，引导学生对世界美术形成完整的认识。

2. 学业要求分析

● 能运用美术语言，以及感悟、讨论等方法，欣赏、评述外国美术作品。

● 知道几位世界上不同历史时期的著名艺术家及其代表作。

● 知道民间美术作品和建筑是由各国劳动者创造的，并能与同学分享、交流。

本学段学业要求学生能够运用美术语言欣赏作品，并能够分享、交流、欣赏、感悟，理解美术作品和建筑是各国劳动者创造的，是人类共同的文化财富。

（二）学习任务 2：传递我们的创意（造型实践）

1. 学习内容分析

本学习任务主要引导学生运用传统或现代的工具、材料和媒介，以及所习得的美术知识、技能和思维方式，创作平面、立体或动态等表现形式的美术作品，提高创意表达能力。

本学段学习内容在学科知识与技能上逐渐深化，突出个性的表达与创意表现，介绍艺术家的思维方式和表现方法，提高学生的表达能力。在内容上，运用平面造型、立体造型、动态造型和多维造型等多种形态，结合学生身心发展特征和实际水平来展开。同时，本学段学习内容增加了构图、中国画创作、透视等美术知识与技能，融合了数字美术，提高了知识与技能的广度、深度。

2. 学业要求分析（7 年级）

● 能使用传统与现代的工具、材料和媒介，采用写实、夸张、变形等手法，创作美术作品。

● 能提出各种构想，并灵活变通，用各种表现形式和方法创作有创意的美术作品。

● 了解中国传统绘画的主要特点，知道中国传统绘画是中华优秀传统文化的重要组成部分。

● 在创作中遇到问题时，能主动探寻解决方案，持之以恒地认真完成创作。

● 在活动前，能做好各种准备；在活动结束时，能主动收拾、整理工具和材料，保持课桌和教室的整洁。

本学段学业要求分两个年级分别表述，对高年级学生能力提出了更高的要求，在造型中强调构想与创意，通过造型活动表现学生独特的见解，使造型活动成为创造过程，让形象成为传递创意的载体，提高了美术课程的育人功能。同时，强调了解中国传统绘画、创作中遇到问题时主动探寻解决方案、养成良好的学习习惯等，体现了对学生综合素养的要求。

（三）学习任务 3：营造环境（设计实践）

1. 学习内容分析

本学习任务主要引导学生根据"人与自然和谐共生"的设计原则，对学校或社区进行环境规划，增强社会责任意识。

本学段的实践任务由第二学段"装点我们的生活"过渡到"营造环境"，学习内容从平面设计、生活用品设计提升到空间环境设计。环境设计是人与周围环境相互作用的艺术，是一种场所艺术、关系艺术、对话艺术和生态艺术。该学段内容强调"对学校或社区环境规划，增强社会责任意识"，树立"人与自然和谐共生"的理念，通过环境设计实践提升创意实践素养。

2. 学业要求分析

6 年级

- 能根据考察结果，撰写简短的考察感受。
- 能根据班级、学校的环境特点和需求，绘制草图或制作模型。
- 能根据需要设计海报、请束等。

7 年级

- 能根据考察结果，撰写调研报告。
- 能根据班级、学校、社区等公共空间的特点和需求，绘制草图或制作模型。
- 能根据需要设计海报、请束、封面、书籍装帧、统计图表等。

本学段的学业要求分两个年级表述，对高年级学生能力提出了更高的要求，本学段要求学生能根据考查结果撰写调研报告、进行问题讨论、提出改进意见、绘制草图、制作模型、展示交流等，提高学生的平面设计能力、解决问题的能力。

（四）学习任务 4：传承传统工艺（工艺实践）

1. 学习内容分析

本学习任务主要引导学生学会利用不同的工具和材料，学习制作或创作工艺品，体会传统工艺"守正创新"的内涵与意义。

本学段学习任务从"学做传统工艺"过渡到"传承传统工艺"，进一步提升了工艺学习的层次。对六年级提出编织、刺绣、印染的内容要求，对七年级提出了制作陶艺的内容要求，工艺难度逐渐增加。

2. 学业要求分析（7 年级）

- 能用传统工艺的方法制作或创作陶艺作品。

- 知道中国传统工艺在传承古老技艺的同时也在积极创新。
- 能用文字等方式表达关于保护传统工艺的看法与建议。

本学段的学业要求分年级表述，进一步提升了学习任务的层次，从"学习工匠精神"提高到"体会传统工艺'守正创新'的内涵与意义"。同时，从"能用文字等方式表达关于保护传统工艺的看法与建议"来看，本学段对学生的表达能力也提出了高层次的要求。

（五）学习任务 5：创编校园微电影（综合实践）

1. 学习内容分析

本学习任务主要组织学生以个人或小组合作的方式，结合校园现实生活，探究各种问题，通过创编校园微电影，将不同学科的知识融为一体，增强综合探索与学习迁移的能力。

本学段学习任务"创编校园微电影"适应"艺术与科技融合"的时代发展趋势，丰富了美术学习的形式与内容。在学习的方式上，以个人或小组合作的方式提高学生的沟通与合作能力，提高创造性地解决问题，以及掌握和处理信息、学会学习等综合素养。

2. 学业要求分析（7 年级）

- 能根据校园生活编写微电影脚本，并根据脚本拍摄校园微电影。
- 能借助数字媒体技术完成 3～5 分钟的、表现校园生活的微电影作品。
- 能积极参与校园文化建设，形成团队协作意识和探究能力。

本学段的学业要求分年级表述，进一步提升了学习任务的层次，能运用数字媒体技术进行跨学科综合性艺术活动。项目的策划、团队建设与分工、现场拍摄、后期制作、发布作品等环节加强了学科与生活的联系，旨在提高学生的探究能力，增强团队协作意识。

二、第三学段教学提示分析

1. 从"个性表现"向"创意表达"过渡

在第三学段小学 6～7 年级，引导学生学习美术家的思维方式和表现方法，激发创意。从"个性表现"转移到"创意表达"，注重创作能力的培养。教学方法以讲授、演示、练习、探究、合作学习等为主，以提高学生的感悟能力、提炼主题能力。实现欣赏方法多元化，通过专题欣赏、随堂欣赏和现场欣赏，提高欣赏的实践性。

2. 学习任务的综合联系：学科知识、实践活动、形成素养

本学段的五个学习任务从整体考虑，加强了学习任务的相互联系。通过"问题解决"的单元学习方式，引导学生开展五个学习任务，通过解决问题的实践活动，加强学科知

识与跨学科知识的运用，促使学生形成素养。本学段要求从"传承传统工艺"中，深入了解工艺制作的文化寓意，体会工匠精神，遵循"守正创新"的传承发展理念，处理好传承与发展的关系，发挥工艺的育人价值，培养艺术表现、创意实践的核心素养。

加强学习内容与现实生活的联系，在学校、社区选择与学生学习、生活相关的题材，通过问题学习、项目学习，让学生在解决问题的实践中了解跨学科知识，探讨学科知识的融合，有创意地解决问题，形成科学的知识观。

第六节　第四学段学习任务表现

学习任务

了解《义务教育艺术课程标准（2022年版）》中艺术课程第四学段学习任务的表现。

学习目的、意义

通过学习本节的知识，了解艺术课程第四学段学习任务的表现，掌握本学段的学习任务与教学策略。

学习内容

《义务教育艺术课程标准（2022年版）》中艺术课程第四学段的学习任务与学业要求。

一、第四学段（8～9年级）学习任务分析

（一）学习任务1：概览中外美术史（欣赏实践）

1. 学习内容分析

本学习任务主要引导学生概览中外美术发展史，了解美术产生的背景，以及不同时代、地区、民族和国家美术的特征；知道中国古代经典美术作品，以及近现代反映中华民族追求独立解放和党团结带领人民进行革命、建设、改革的美术作品，增强对伟大祖国、中华民族的情感，传承红色基因，坚定文化自信，形成开放包容的心态和人类命运共同体意识。

本学段的学习内容代表义务教育阶段美术学习的最高水平，体现了美术学科的特色。学习任务"概览中外美术史"是对第三学段"领略世界美术的多样性"的递进与发

展，是美术学习阶段的持续与提升，体现学生在义务教育阶段美术课程学习应有的能力与水平。

本学段学习中国美术史的重点是中华优秀传统文化在中国美术作品中呈现的审美特点。世界各国美术史重点学习世界美术的概况，使学生在对世界各国美术经典作品欣赏的过程中，形成开放心态和人类命运共同体意识。同时，掌握美术造型元素和形式原理，具有美术欣赏的方法以及文化理解的意识。

2. 学业要求分析

- 能从历史和文化的角度分析美术作品，与同学交流自己的感受和想法。
- 知道我国不同历史时期所创作的经典美术作品（含书法、篆刻）。
- 能与同学分享、交流反映我国近现代以来追求民族独立解放和党团结带领人民进行革命、建设、改革的美术作品，坚定理想信念，增强爱党、爱国、爱社会主义的情怀。
- 能运用美术语言，辨析中外美术的主要流派，尊重并理解世界美术的多样性。
- 在利用图像作品和文字资料时，能尊重他人的知识产权，同时学会保护自己的知识产权。

本学段学业要求学生能分享交流，表达自己的感想，"坚定理想信念，增强爱党、爱国、爱社会主义的情怀"。通过欣赏作品，理解中国传统哲学、传统文学及其形成的独特审美观念。掌握知识产权相关知识，学会保护自己的知识产权。

（二）学习任务 2：表现无限创意（造型实践）

1. 学习内容分析

本学习任务主要引导学生运用传统与现代的工具、材料和媒介，创作平面、立体或动态等表现形式的美术作品，创造性地表达对自然与社会的感受、思考和认识，提高创造性思维能力。

本学习任务明确学生要重点掌握美术造型方面的色彩、构图和透视学基础知识，在学习难度上呈现递进性；突出了中国画的学习内容，中国画的题材、技巧和中国画理论等基础知识在本学习任务中都得到了体现，要让学生了解中华优秀传统文化，坚定文化自信。同时，注重"造型·表现"中工具、材料和现代媒介的运用，以表现真实生活，表达情感。

2. 学业要求分析

- 能使用传统与现代的工具、材料和媒介，采用写实、夸张、变形、抽象等手法创作美术作品。

- 在创作美术作品时，能通过想象、联想、归类、重组等方式进行构思和实践，创作富有创意的美术作品。

- 理解中国传统绘画在世界美术中自成体系、独树一帜的创作观念和方式。

- 能运用现代媒体艺术的工具和手段，创作动态、多维的美术作品。

- 在班级或小组的各种活动中，能与同学合作互助，尊重和理解他人不同的想法或见解。

- 掌握正确使用工具、材料和媒介的方法，养成安全使用工具、材料和媒介的习惯。

- 在活动前，能做好各种准备工作；在活动结束时，能收拾、整理工具和材料，保持课桌和教室的整洁。

本阶段学业要求学生能使用传统与现代工具，运用不同的手法和方式，创意美术作品，理解中国传统绘画在世界美术中自成体系、独树一帜的创作观念和方式。能运用现代媒体艺术创作动态、多维的美术作品。创作手段方式更加多元化，学习难度呈递进性，强调养成好的习惯。

（三）学习任务 3：我们与设计同行（设计实践）

1. 学习内容分析

本学习任务主要引导学生了解"设计满足实用功能与审美价值，传递社会责任"的设计原则，为满足学校或社区的学习与生活需求设计作品，形成设计意识，增强社会责任感。

本学习任务突出了对设计原则的掌握。"传递社会责任"是新课标首次提出的，强调设计在现实生活中的联系与运用。班级、学校、社区、居住地区的革命遗址、古建筑或古村落等，可以与本学习任务联系起来运用。加强设计与生活的联系，实现"我们与设计同行"。

2. 学业要求分析

- 能根据班级、学校或社区的不同需要，设计不同表现形式的作品。

- 能围绕所居住地区的革命遗址、古建筑或古村落的历史与现实意义，撰写简短的图文相结合的调研报告或制作立体模型。

本学习任务要求学生根据生活中的需求导向，设计不同形式的作品。加强所学设计内容与生活的联系，为"所居住地区的革命遗址、古建筑或古村落"设计立体模型，增强学生的社会责任感。

（四）学习任务 4：继承与发展文化遗产（工艺实践）

1. 学习内容分析

本学习任务主要引导学生了解非物质文化遗产的含义，制作传统工艺品或文创产品，认识到继承与发展文化遗产是我们的责任。

本学段的学习任务将我国传统工艺列为主要教学内容。我国历史悠久，地域辽阔，许多传统工艺已被列入国家级非物质文化遗产名录，如宣纸传统制作技艺、龙泉青瓷传统烧制技艺、苏州缂丝织造技艺、苗族蜡染技艺等，要引导学生"认识继承与发展文化遗产是我们的责任"。

2. 学业要求分析

- 能用口头或书面表述等方式，表达对继承与发展文化遗产的认识。
- 能用传统工艺的制作方法制作工艺品。
- 能借鉴不同地域的中华优秀传统文化特色，设计文创产品。
- 能对自己创作或制作的作品进行反思，倾听他人的建议，并加以改进。
- 能安全使用工具和材料，养成勤于钻研、细致耐心、认真负责的工作态度。

本学段要求学生能口头或书面表述对继承与发展文化遗产的认识。重点在于坚定文化自信，通过过程性学习，认识非物质文化遗产的意义与价值。通过对传统工艺的创新设计和文创产品设计，让学生树立民族自信心和自豪感。同时，在学习过程中形成交流与合作能力，养成勤于钻研、细致耐心、认真负责的工作态度。

（五）学习任务 5：理解美术的贡献

1. 学习内容分析

本学习任务主要组织学生以个人或小组合作的方式，探究美术在过去、现在和未来在推动社会发展中所起的作用，理解美术对个人发展、社会进步及构建人类命运共同体的独特作用，进一步提高综合探索与学习迁移的能力。

本学段的学习任务，一是探究美术在推动政治、文化经济、科技发展方面的作用；二是针对"美术的贡献"开展"综合·探索"方面的学习，实现美术与其他学科的跨学科学习，强化学习迁移的能力。

2. 学业要求分析

- 能综合运用所学美术与其他学科的知识、技能和思维方式，从书本、网络及生活体验中获取信息。
- 能运用比较、联想、推理、论证等方法，从一个或多个角度探究美术对政治、文化、经济、科技发展的作用与影响。

● 能通过创作绘画作品、雕塑作品、图画书、视觉笔记、动画、微电影等方式，表达自己的观点和见解，理解美术对个人发展、社会进步及构建人类命运共同体的独特作用，增强社会责任感。

本学习任务重点引导学生以美术课程为主体，整合不同学科知识，以单元教学的形式，开展"综合·探索"教学，实现综合探索与学习迁移能力的提升。同时，强调表达个人观点和见解，增强社会责任感。

二、第四学段教学提示分析

1. 培养学生的艺术核心素养

第四学段为小学 8～9 年级，学生心智逐渐成熟，进入"模拟写实阶段"，具有一定的抽象思维能力。学习任务注重通过合作学习、实地考察学习等方式，发挥学生的主动性与创造性，深入挖掘学生的学习潜能，实现对学生自主学习和探究能力的培养。运用问题情境教学方式，培养学生的艺术核心素养。

2. 学习任务的综合联系：学科知识、实践活动、形成核心素养

本学段五个学习任务相互联系。通过"合作学习""实地考察学习""探究式学习"等学习方式，引导学生通过问题情境开展五个学习实践活动，加强学科知识与跨学科知识的运用，促使学生形成核心素养。本学段"继承与发展文化遗产"，引导学生突出田野调查法在非物质文化遗产保护、传承中的运用，积极引导学生实地考察非物质文化遗产及传承人的生存现状，加深学生对非物质文化遗产的认识。创新设计和文创产品设计，是传统工艺审美和技艺的"活态"显现与传承，能培养学生艺术表现、创意实践的核心素养。

本学段教学重点为：引导学生以美术课程为主体，整合不同学科知识，以单元教学的形式开展"综合·探索"教学，让学生实现学习迁移能力的提升。

第五章　美术课程实施与教学建议

第一节　美术课程教学建议

📋 学习任务

了解《义务教育艺术课程标准（2022年版）》中的美术课程教学建议。

📋 学习目的、意义

通过学习本节的知识，了解艺术课程标准中美术课程的教学建议，掌握美术课程教学要求。

📋 学习内容

《义务教育艺术课程标准（2022年版）》中美术课程的教学建议。

"艺术教学要以立德树人为根本任务，以核心素养为导向。教师要深入理解艺术课程的性质、理念、目标、内容、学业质量，充分考虑学生的身心发展、个性特点和学习经验，设计并实施教学。"《义务教育艺术课程标准（2022年版）》中的课程实施部分对美术教学的要求体现在五个方面。

一、坚持以美育人，确立"做中学"的教育理念

将核心素养的培育贯穿艺术教育的全过程。"核心素养"相对于"三维目标"在很大程度上体现了教育观念的传承性和超越性。核心素养是课程育人价值的集中体现，是学生通过课程学习逐步形成的适应个人终身发展和社会发展需要的正确价值观、必备品格和关键能力，体现了以人为本的教育思想。核心素养强调在实践中培养学生的合作与交往能力、解决问题的学科迁移能力，以及创造性与批判思维。在教学建议中，主张学

生积极参与艺术实践活动。美国教育家约翰·杜威在其著作《民主主义与教育》中提出了"做中学"的教育理念，强调教育应以学生为中心，通过实践活动让学生在做中学习；主张教师是知识的引导者、支持者，与学生是探究知识的共同体。该思想对推进落实核心素养大有裨益。在"做中学"强调在实践中提升能力并改造经验。《义务教育艺术课程标准（2022年版）》中的美术课程包括"欣赏·评述""造型·表现""设计·应用""综合·探索"等四个艺术实践活动，涵盖16项具体学习内容，每个学段有不同的学习实践任务。教师要在课程教学中设置相关美术活动，引导学生在美术欣赏与创作的实践活动中求真、向善、崇美，充分发挥美术学科的育人价值。

二、重视美术体验，探索核心素养本位的教学策略

《义务教育艺术课程标准（2022年版）》将核心素养定义为：学生在接受相应学段的教育过程中，逐步形成的适应个人终身发展和社会发展需要的必备品格和关键能力。核心素养是人适应信息时代和知识社会的需要、解决复杂问题和适应不可预测情境的高阶能力和人性能力。高阶能力是人面对复杂问题情境时做出明智而富有创造性的判断、决策和行动的能力，即像专家一样去思考。人性能力即建立在人性、情感、道德与责任基础上的能力。为落实"学生发展核心素养"，教育部要求各学科厘清"学科本质观"和"学科教育观"，提炼出本学科的核心素养，即"专业核心素养"。

按"像专家一样去思考"的原则，根据美术家的工作和思维特点，可以提炼出图像识读、美术表现、审美判断、创意实践和文化理解四大美术学科核心素养。从"三维目标"到"美术核心素养"是课程改革进入新时代的一个标志。"美术核心素养"明确了具体内容，以及相对量化的"学业质量标准"，从而使"三维目标"更明确、更具可操作性，是课改的深化与推进。

要落实"美术本质观"，最重要的任务就是掌握并运用美术语言（见图5-1）进行创作。美术语言的基本定义：由造型元素按一定的形式原理构成的可视化符号系统，以表达作者的情感与思想，并反映特定的文化意蕴。

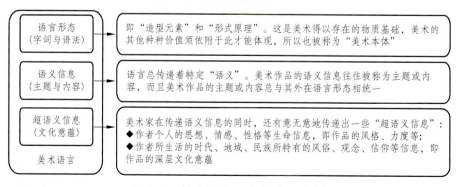

图 5-1　美术语言三个层次示意图

《义务教育艺术课程标准（2022版）》指出，进一步精选学科内容，重视以学科大概念为核心，使课程内容结构化，以主题为引领，使课程内容情境化，促进学科核心素养的落实。美国《21世纪学习框架》中的学科知识，不是指储存一堆事实，而是指学科观念和思维方式，其目的在于让学生像学科专家那样去思考。其"学科观念"即引导学生深层思考的"大概念"。威金斯指出，教师教案最大的缺陷就是在……整个课程学习中缺乏重点以及知识点之间的联系，没有强调对大概念的深入理解，没有培养完成核心表现性任务所需的能力，而仅仅陷入成千上万的零散知识和技能之中。威金斯说，由于大概念具有内在的可迁移特性，因此它们能够帮助我们将离散的主题和技能联系起来。他认为，大概念是学科的"核心"，需要被揭示，因此我们必须深入探究，直到抓住这个核心。我们定义的学科教学的目标，不是去获得一堆由事实和理论堆砌的知识，而是实现一个趋向于核心概念的探索过程，并有助于学生持续理解与他们生活相关的事件和现象。我们把这些核心概念称为学科的大概念。

传统课堂教学模式指向的是教师讲解和学生接受式的学习方式（见表5-1），教学目标、师生角色、教学内容、教学方法、评价方式等维度也与核心素养本位教学存在很大差异。

表 5-1　传统课堂核心素养本位教学对比

教学目标对比		
维度	传统课堂	核心素养本位教学
核心目标	以知识传授为主，强调学科知识的记忆和应试能力	以素养发展为导向，注重关键能力（如批判性思维、问题解决）、必备品格（如责任感）和价值观念的培养
知识定位	知识是学习的重点，追求"知道什么"	知识是工具和载体，追求"能用知识做什么"
能力培养	侧重单一学科内的基础技能	强调跨学科整合、实践创新、合作沟通等高阶能力
师生角色对比		
维度	传统课堂	核心素养本位教学
教师角色	知识权威，单向讲授者；课堂主导者	引导者、协作者、资源提供者，课堂活动的设计者和支持者
学生角色	被动接受者，以听讲、记笔记、练习为主	主动探究者、通过实践、合作、反思构建知识
师生互动	以"教师提问—学生回答"为主，互动形式单一	多向互动（师生、生生、学生与真实情境），注重对话与写作

教学内容设计对比		
维度	传统课堂	核心素养本位教学
内容组织	按学科知识点线性排列，分科教学	围绕主题或问题跨学科整合，强调知识的关联性与应用性
情境设计	脱离真实情境，以抽象概念和例题为主	嵌入真实或模拟情境（如社会问题、生活场景），增强知识迁移能力
难度与开放性	任务封闭，答案唯一，强调标准	任务开放，允许多样化解决方案，鼓励创新与个性化表达
教学方法对比		
维度	传统课堂	核心素养本位教学
典型方法	讲授法、练习法、考试驱动法	项目式（PBL）、情境教学、合作探究、单元教学等
学习过程	以教师讲解为主，学生按步骤完成任务	以学生探究为中心，经历"发现问题、分析问题、解决问题、反思改进"的完整过程
技术应用	辅助工具（PPT），以展示知识为主	技术深度融入（如数分析、虚拟实验、数字化创作），支持探究与实验
教学评价对比		
维度	传统课堂	核心素养本位教学
评价重点	关注知识掌握程度（如考试成绩、作业正确率）	关注能力发展、态度养成和过程表现（如合作能力、创新能力）
评价方式	以纸笔测试为主，标准化、量化评价	多元化评价（如档案袋、表现性评价、自评互评），质性评价与量化评价结合
评价主体	教师单向评价学生	教师、学生、同伴、家长等多主体参与评价

美术教学以逐步提高学生对美的感知力、理解力、鉴赏力和创造力为目标。教学过程追求情感丰富、艺术熏陶、心灵温润，强调学生在情感和心灵上获得美术体验，教师应探索核心素养本位教学策略及方法。核心素养本位的教学策略以培养学生的核心素养为目标，强调在真实情境中发展学生的关键能力、必备品格和价值观念。表 5-2 是几种基于核心素养的教学策略。

表 5-2 常用的核心素养本位教学策略

核心素养本位地教学策略	核心目标	实施要点
问题导向式学习	培养学生的问题解决能力、批判性思维和跨学科整合能力	设计开放性的真实问题（如环境保护、社会议题），引导学生通过探究、合作、反思解决问题。 教师角色转变为"引导者"，帮助学生梳理思路、提供资源支持
情景化教学	将知识与生活、社会情境结合，提高学生的迁移应用能力	创设真实或模拟情境（如社区调查、角色扮演），让学生在实践中体验知识的意义。 结合学科知识与社会热点（如气候变化、文化传承），培养社会责任感。鼓励学生从多角度分析情境，形成个性化见解
项目式学习	通过综合性项目培养协作能力、创新能力和实践能力	设计长期项目（如设计校园节能方案、制作科普视频），学生需规划、分工、执行并展示成果。 强调团队合作与资源整合，融入技术工具（如编程、数据分析）提升数字化素养
跨学科整合教学	打破学科壁垒，培养综合思维和复杂问题解决能力	围绕主题（如"可持续发展"）整合多学科知识（科学、人文、艺术等）。 通过 STEAM 教育模式，融合科学、技术、工程、艺术和数学，激发创造力。 设计跨学科任务，例如通过历史事件分析数学统计的应用，或通过艺术表达科学原理
主题单元式教学	聚焦核心素养，围绕多学科知识，解决真实问题，通过长期连贯的主题探究，引导学生深入思考，形成批判性思维和自主学习习惯	以某一主题为核心，整合多学科知识或技能，通过系统性、连贯性的学习活动，培养学生综合运用知识解决复杂问题的能力，并促进核心素养（如批判性思维、合作能力、创新意识等）的发展

三、创设问题情境，增强学生的问题意识，提高解决问题的能力

核心素养主要体现为解决问题的综合能力。问题是核心素养本位教学的核心和起点，学会解决问题是核心素养本位教学的目的。创设问题情境是培养学生问题意识与解决问题能力的核心策略，其关键在于通过真实、开放、有挑战性的情境，激发学生的探究欲望，引导他们经历"发现问题→分析问题→解决问题→反思迁移"的完整思维过程。通过创设问题情境，学生从"被动解题"转向"主动建构问题"，逐渐形成"观察→质疑→探究→创造"的思维习惯，这正是核心素养落地的关键路径。

四、突出课程综合，加强美术与其他学科的有机融合

在核心素养导向下，突出课程综合性、加强美术与其他学科的有机融合，是培养学

生创新能力、跨学科思维以及人文素养的重要路径。在教学过程中，教师组织开展综合性学习实践活动，加强学校美育与区域任务的有效连接。核心素养本位学习是综合运用知识、技能、情感、态度等社会心理资源，通过解决复杂情境中各种问题获得持久性能力的实践活动，所以美术教师要具备传授系统知识的素养。课程综合不是学科知识的机械叠加，而是通过美术与其他学科的有机对话，激发学生用艺术思维理解世界，用科学思维优化创作。这种融合既是美育的升级，也是实现"五育并举"的实践创新。

五、运用多元评价，促进学生美术素养的全面发展

在美术教育中，多元评价是促进学生美术素养（包括审美感知、艺术表现、创意实践、文化理解等维度）全面发展的关键。需突破传统"以作品优劣定成绩"的单一评价模式，关注学习过程、思维发展与个性化成长，运用过程性评价、表现性评价、自评与互评、文化理解评价、电子档案袋评价、动态成长图谱、差异化评价等多元评价方式。多元评价的本质是将"评判权"转化为"成长脚手架"，通过多维度的观察、记录与反馈，帮助学生认识自身优势，明确艺术探索方向。在美术教育中，唯有让评价超越"像不像""美不美"的局限，才能真正唤醒学生的创作自信与文化自觉，实现学生的全面发展。

第二节　美术课程评价建议

📋 学习任务

了解《义务教育艺术课程标准（2022 年版）》中的美术课程评价及其特殊性，掌握美术课程评价原则。

📋 学习目的、意义

通过学习本节的知识，了解艺术课程标准中的美术课程评价建议，掌握美术课程的特殊性以及美术课程评价的原则。

📋 学习内容

《义务教育艺术课程标准（2022 年版）》中的美术课程评价及其特殊性，掌握美术课程评价原则。

一、美术课程评价及其特殊性

《义务教育艺术课程标准（2022 年版）》中提出："评价是检验、提升教学质量的重要方式和手段。要充分发挥评价的诊断、激励和改善功能，促进学生发展。"其还指出："评价涉及学习态度、过程表现、学业成就等多方面，贯穿艺术学习的全过程和艺术教学的各个环节。"

美术学科与其他学科相比，还具有其自身特点，即视觉性、操作性、表现性、主观性等。不同教师对同一作品的评价结果会有所不同，学习成绩对学生的成长发展和兴趣发展有很大影响。《义务教育艺术课程标准（2022 年版）》中提出了在评价中应遵循的基本原则。

二、美术课程评价的基本原则

（一）坚持素养导向

《义务教育艺术课程标准（2022 年版）》中的评价原则第一条是"坚持素养导向"，要求"围绕核心素养内涵、课程总目标和学段目标，依据课程的内容要求、学业要求和学业质量标准，进行全面、综合的评价，既要关注学生掌握艺术知识、技能的情况，又要重视对价值观、必备品格、关键能力的考查"。

其中"围绕核心素养内涵、课程总目标和学段目标"，要求构建以美术学科核心素养为本位的评价体系。美术学科核心素养中的图像识读和美术表现是美术学科的优势，培养学生能对视觉形象进行欣赏、理解和解读，并能运用多种媒材和技术创造视觉形象，从而达到以美育人的目的。

以美术学科核心素养为本位的评价，不仅要重视美术知识技能上的发展，还要注重学生的创新精神、实践能力、获取新知识的能力、收集和处理信息的能力以及情感、态度和价值观等方面的表现。这是一个长时性、连续性、全方位的评价过程，要求教师将学生学习过程中的表现行为与学习结果的表现性相结合，构建多元化的评价体系。

（二）坚持以评促学

《义务教育艺术课程标准（2022 年版）》中评价原则的第二条是"坚持以评促学"，要求"倡导评价促进学习的理念，关注学生真实发生的进步，捕捉、欣赏、尊重学生有创意的、独特的表现，并予以鼓励，不断加深学生的艺术体验，引导学生发现自己的艺术潜能，合理运用评价结果改进学习，发展自己的艺术特长"。在此原则下，教师要能用积极的眼光从多角度、多方面观察学生，善于运用鼓励语言、奖励机制、等级评定等形式对学生进行即时评价或课后评价。在教学过程中，教师还要能设置轻松和谐的教学氛围，使学生尽可能在课堂上真实地表现自己。

（三）注重表现性评价

《义务教育艺术课程标准（2022年版）》中评价原则的第三条是："注重表现性评价"，要求"围绕学生艺术学习实践性、体验性、创造性等特点，注重观察、记录学生艺术学习、实践、创作等活动中的典型行为和态度特征，运用作品展示、技艺表演等形式，对学生艺术学习情况进行质性分析，同时兼顾其他评价方式的应用。注重引导学生对自己的学习历程进行写实记录，丰富评价内容，提高评价的全面性、准确性"。

表现性评价是一种注重学生在真实或模拟情境中实际表现的评价方法，强调通过观察、分析和反馈来评估学生的综合能力。它突破了传统标准化测试的局限，更关注知识应用、问题解决、批判性思维等高阶能力。表现性评价基于真实性任务设计，过程具有导向性，综合评估学生的多学科知识整合运用能力、创新能力、沟通表达能力等，通过观察记录和量规提供针对性改进建议，促进个体成长。表现性评价能促进学生深度学习，推动学生从被动接受转向主动探究，如设计环保方案时需调研、分析数据、提出对策。培养学生的高阶思维，要求学生分析问题、试错优化，锻炼批判性思维；要求适应多元智能、不同的表现形式（艺术创作），尊重学生的多样性，避免"一刀切"评价。表现性评价能增强学习动机、真实任务的挑战性与成就感，提高学生的参与度。

表现性评价是新课标评价的重要原则。它通过"做中学"帮助学生构建可迁移的能力体系。尽管在实施中存在挑战，但其对学生全面发展及核心素养培养的价值不可低估。未来可结合人工智能（如过程性数据分析）与传统评价，构建更立体的评估体系。

（四）坚持多主体评价

《义务教育艺术课程标准（2022年版）》中评价原则的第四条是"坚持多主体评价"，要求"充分发挥学校、教师、学生、家长等不同评价主体或角色的作用，形成多方共同激励的机制，增强学生学习艺术的动力和信心"。

多主体评价是指在教育评价中，打破传统"教师单向评价"的模式，引入学生自评、同伴互评、家长参与、社会机构协作等多方视角，形成多元化、动态化的评价体系。这种评价方式与表现性评价高度契合，能够更真实、立体地反映学生的综合能力与成长轨迹。学生自评可培养反思能力与元认知，通过"学习日志"记录问题解决过程。同伴互评可促进合作与批判思维。教师评价可提供专业指导与量规支持，侧重能力发展分析。家长与社会参与，使课堂与真实世界连接，使学生得到多方面的评价和激励。另外，信息时代数字化平台为教学评价提供了新的思路，可以利用数字化资源平台展示。

三、美术课程评价的方法

（一）课堂评价

《义务教育艺术课程标准（2022年版）》提出，课堂评价是教学的有机组成部分。教师应面向全体学生进行评价，评价内容包括学生在学习过程中的行为表现、学习态度、课堂学习阶段目标的达成情况等方面。通过观察、提问、交流、记录等方式，了解学生在欣赏、表现和创意实践等过程中的学习进程、行为表现，分析、把握学生的学习态度、学习体验、学习困难，给予必要的指导。评价反馈应注重即时性、生成性、针对性，以鼓励为主，激发学生的积极性，同时指出存在的问题，帮助学生改进学习。

课堂评价是教学活动的核心环节，旨在通过实时反馈、多维观察和互动调整，推动学生学习目标的达成与核心素养的发展。结合表现性评价与多主体评价的理念，课堂评价需超越传统"提问—回答"模式，形成过程性、互动性、赋能性的评价生态。课堂评价是教学与学习的对话，通过将评价转化为持续的学习支持工具，教师能够更敏锐地捕捉学生的"最近发展区"，让学生在"被看见"中获得成长动力。课堂评价应成为一座桥梁，连接知识习得与素养生成，连接个体进步与集体智慧，连接今日的学习者与未来的问题解决者。

（二）作业评价

《义务教育艺术课程标准（2022年版）》提出，作业评价作为课堂教学的有效延伸与补充，是促进学生学习发展的手段之一，是学习评价的重要组成部分。作业设计应注重素养立意，体现开放性、情境性、整合性，难度合理，类型多样，可包括独立完成型与团队合作型、书面型与活动实践型、巩固练习型与创意实践型，也包括共性化作业与个性化作业。作业评价既要关注结果，如实物作品、视听表演、数字化编创作品等，也要关注过程，如方案策划、素材收集、创意构思等。在整体把握作业质量的基础上，进一步对作业要素或组成部分进行单项分析。依据作业意图，确定作业评价侧重点，可注重统一要求，也可注重创意表达，处理好两者之间的关系。综合运用质性分析和量化评定，要重视书面或口头反馈，发挥评价的引导、激励功能。

（三）期末评价

《义务教育艺术课程标准（2022年版）》提出，期末评价应立足于对学生艺术素养发展状况进行全面评定，应包括课堂评价、作业评价和期末考核的结果。其中，期末考核要依据本学期的课程目标、内容、教学实际组织实施，注重采用具有综合性的题目或任务，可运用表演、展示、纸笔测试、档案袋等方式。

期末评价应构建"过程—结果"一体化的素养导向评估体系。期末评价是学期学习成果的总结性评估，融合表现性评价、多主体评价与课堂评价理念。期末评价需要突破单一考试框架，形成兼顾结果验证与过程反思、平衡标准化与个性化的新型评估范式。期末评价通过构建融合证据、尊重差异、激发潜能的评价体系，激发学生的学习动力。

（四）学习档案袋评价

学习档案袋评价是一种以学生为中心、聚焦学习过程与成果动态积累的评价方式。档案袋通过系统收集学生在不同阶段的代表性作品、反思记录与多方反馈，不仅可以呈现学习成果，还能揭示能力发展的轨迹与个性化学习路径。美术档案袋评价通过系统收集学生的创作过程、作品成果与反思记录，全面展现学生艺术素养的进阶轨迹。以下是具体操作流程与实施要点。

1. 前期准备：明确目标与框架

A. 确定档案袋类型。

过程型档案袋：聚焦创作过程（如草图、修改稿、灵感笔记）。

成果型档案袋：精选代表性作品（如完整画作、立体装置、数字艺术）。

主题型档案袋：围绕特定主题展开（如"自然与人类""传统文化创新"）。

B. 制定评价标准

结合美术核心素养设计量规（Rubrics）（见表5–3）。

表 5-3　美术核心素养设计量规

评价维度	指标示例
创意表达	原创性、主题诠释深度、材料创新性
技法运用	构图合理性、色彩搭配、细节处理
过程反思	修改迭代记录、问题解决策略、跨学科连接
社会参与	作品的社会价值（如环保倡导、文化传承）

C. 工具与材料准备

实体档案袋：A3文件夹、标签贴、作品收纳袋、反思日志本。

数字档案袋：使用Padlet、Google Sites、Artsteps（3D作品展示平台）。

2. 实施步骤：动态记录与反思

A. 作品收集与分类

必选内容：

基础作品：每单元 1～2 幅完整创作（如素描、水彩、版画）。

过程性材料：速写本、灵感草图、材料实验记录（如不同纸张的渲染效果测试）。

创作日志：记录创作思路、遇到的困难及解决方法（例："尝试三次才调出理想的青花瓷蓝色"）。

自选内容：

课外艺术实践（如参观美术馆的观后感、街头涂鸦设计）。

跨学科作品（如为语文课文配插画、用数学几何设计纹样）。

B. 阶段性整理与反思

每周整理：

学生挑选本周重要作品/记录，附简短说明（例："这幅静物写生让我理解了光影对比的重要性"）。

单元总结：

填写《艺术成长卡》，包含：

技能突破（如"学会了透视法画建筑"）；

创意亮点（如"用废旧报纸拼贴表现环保主题"）；

待改进点（如"人物动态不够自然"）。

C. 多主体反馈

同伴互评：

小组内互相浏览档案袋，用便签写下"一个欣赏点"+"一个建议"（例："你的色彩对比很强烈，但背景可以增加纹理细节"）。

教师点评：

每月批注成长卡，侧重过程指导（例："尝试用炭笔加强人物轮廓的虚实变化"）。

校外参与：

邀请艺术家或家长撰写短评（例："你的抽象画让我联想到康定斯基的音乐感"）。

3. 评价与展示：让成长可见

A. 档案袋评审

自评报告：学生撰写《我的艺术成长故事》，结合作品分析自身进步（例："从临摹到原创，我学会了用符号表达情绪"）。

答辩展示：学生用档案袋作品制作PPT/展板，回答评委提问（如"你的剪纸如何融合传统与现代元素？"）。

量规评分：教师依据标准打分（例：创意表达 30%+技法 30%+反思 20%+社会价值 20%）。

B. 创意展览活动

实体展览：在教室/走廊布置"档案袋艺术长廊"，按主题分区（如"材料实验区""社会议题区"）。

数字展览：使用 Artsteps 创建虚拟展厅，嵌入作品图片、创作视频及音频解说。

互动评价：观众扫码投票"最具感染力作品""最大进步奖"，并留言反馈。

4. 技术赋能与工具推荐

A. 数字化管理

Google Arts Culture：上传作品生成时间轴，对比全球艺术风格。

Seesaw：拍摄创作过程视频，添加语音反思。

B. AI 辅助创作

MidJourney/DALL-E：生成灵感草图，对比 AI 与人类创作的差异。

Prisma：分析学生作品的色彩分布与构图比例。

C. 区块链存证

将作品版权信息上链，保护学生作品的原创性。

5. 常见问题与对策（见表 5-4）

表 5-4　常见问题与对策

问题	解决方案
学生应付式收集作品	设定"主题挑战"（如"用三种废弃物创作一件雕塑"）
反思内容肤浅	提供反思模板（例："我最满意的部分是…因为…"）
实体档案袋易损坏/丢失	重要作品数字化备份，使用防水文件夹
评价标准主观性强	公开范例对比（如 A 级/B 级作品差异分析图）

3. 案例示范：初中美术《民间工艺》单元档案袋

A. 作品收集

过程材料：剪纸草稿、染色失败扎染布片、陶泥塑形记录视频。

最终作品：融合剪纸与版画的年画设计《生肖贺岁》。

B. 反思日志

"尝试用激光雕刻替代传统剪纸，虽然效率高，但少了手工的温度感。"

C. 多主体反馈

非遗代表性传承人评语："你对传统纹样的现代转化很有创意！"

同伴建议："可以增加互动元素，比如让生肖图案可拆卸。"

D. 展览呈现

在校园文化节设置"非遗创新体验区",参观者可用 AR 扫描作品,查看创作故事。

美术档案袋评价的本质是让艺术学习从"结果导向"转向"生命叙事"。学生翻开自己的档案袋,看到的不仅有线条与色彩,还有创作者如何观察世界、表达自我、突破边界的成长史。通过持续记录与多元对话,档案袋将成为学生艺术生涯的"终身伙伴",见证从稚嫩笔触到成熟风格的艺术觉醒之路。

第三节　美术教材的编写建议

📋 学习任务

了解《义务教育艺术课程标准（2022 年版）》中美术教材的编写原则及建议。

📋 学习目的、意义

通过学习本节的知识,了解美术教材的编写原则及建议,掌握美术教材编写导向。

📋 学习内容

《义务教育艺术课程标准（2022 年版）》中美术教材的编写原则及建议。

《义务教育艺术课程标准（2022 年版）》提出:"艺术教材是艺术课程内容的重要载体。艺术教材的编写,要充分体现艺术课程标准的基本理念和各项要求,使之成为教师创造性地开展教学和学生进行主动学习最基本的教学资源。"

一、坚持育人导向

《义务教育艺术课程标准（2022 年版）》中教材编写的第一条要求:"教材建设是国家事权,必须体现国家意志。艺术教材的编写要坚持以习近平新时代中国特色社会主义思想为指导,牢牢把握正确的政治方向和价值导向,确保党的教育方针落实到教材的各个环节。要加强爱国主义、集体主义、社会主义教育,培养德智体美劳全面发展的社会主义建设者和接班人。要有机融入社会主义先进文化、革命文化、中华优秀传统文化,以及国家安全教育、法治教育、中华民族共同体意识教育和环境教育等内容,并努力使之整体化、系列化、长效化。"

编写艺术教材时要坚持育人导向，需要将艺术教育与德育、美育、人文素养培养深度融合，注重价值观引领、品格塑造和全面发展。价值引领，将社会主义核心价值观融入艺术案例解析（如红色经典作品赏析），通过敦煌壁画、传统戏曲等文化遗产渗透家国情怀。设置艺术创作时的伦理探讨（如 AI 艺术版权意识），通过艺术家生平故事传递坚韧、创新等品质。

二、精选内容素材

《义务教育艺术课程标准（2022 年版）》中教材编写的第二条要求："依据本标准中的'内容要求'选择内容素材。内容素材要体现中华民族共同体意识和国际视野，注意借鉴和汲取人类优秀艺术成果，凸显艺术教材的文化性质。突出思想性、经典性、时代性、民族性、实践性，有效满足学习任务要求，落实核心素养培育。注重发掘学生身边的生活和艺术现象，使学生在学习过程中有代入感和参与感，激发学生的学习兴趣和探究欲望。内容素材的形式要多样，包括文字、图片、音乐、视频、案例、故事等，为学习情境的创设提供丰富的素材，使学生在知识建构的过程中和对知识意义的体悟中逐步发展核心素养。"

在《义务教育艺术课程标准（2022 年版）》的指导下，艺术教材内容精选必须紧扣核心素养（审美感知、艺术表现、创意实践、文化理解），构建"传统文化筑基+跨学科融合+时代议题对话"的内容体系。教材内容组织需实现三重转化：从技艺训练转向思维养成，从单向鉴赏转向多维对话，从课堂临摹转向社会参与。通过精选具有"文明基因、当代活性、问题意识"的内容素材，构建可感知、可思辨、可创造的新型艺术学习场域。

三、优化组织结构

《义务教育艺术课程标准（2022 年版）》中教材编写的第三条要求："鼓励以灵活多样的方式构建艺术教材的框架和内容，突出主题化、生活化、情境化、项目式、任务驱动等新的学习理念和方式。提倡以单元的形式组织学习内容。单元的大小应根据不同的任务、学生的年龄特征确定，从整体到细节，处理好学科逻辑与生活逻辑的关系，并形成有特色的组织结构。要精心组织和设计学习任务，体现学科综合的理念，使学生在任务驱动下，有效提高综合探索和学习迁移的能力，帮助学生在情境中以问题为导向展开学习，实现从学科本位、知识本位到素养本位的转型。"

在《义务教育艺术课程标准（2022 年版）》的指导下，教材组织结构优化需突破传统"技法+作品"的线性编排，构建"素养进阶—问题驱动—多元联结"的立体化架构，如艺术教材编写的三维结构模型设计（见表 5–5），使教材编写结构既保证课标落地，又为教学创新留出呼吸空间，实现从"教材"到"学材"的本质转化。

表 5-5　艺术教材编写的三维结构模型设计

维度	组织逻辑	实施载体
纵向：素养进阶	螺旋上升式能力链	1~9 年级贯通式主题（如"色彩语言进化史"）
横向：跨域联结	艺术与科技/人文/生态的接口	项目式学习包（如"声景艺术与城市噪声治理"）
深度：问题探究	从现象到本质的思维脚手架	探究工坊（如："AI 绘画：原创性边界实验"）

四、彰显艺术特色

《义务教育艺术课程标准（2022 年版）》中教材编写的第四条要求："艺术教材内容的编排和呈现形式应适合核心素养的培育，突出活动性和实践性。要合理配置各种图文要素，精心设计版式。整体装帧与排版，要体现色彩、构图、影像等的视觉美感，充分考虑艺术学科特色，在各类艺术图片、乐谱、戏剧表演、影像视频、文字表达等方面均应体现较强的艺术趣味和健康的审美要求。图片要具有经典性和多样性，画质清晰，图注准确，图文配合得当。开本规格应统一，纸质、纸张颜色、字体和字号的选择应有益于学生身心健康。应精心设置有利于引导学生自主、合作、探究学习的助读系统（如前言、导读、学习单、作业、学习活动、小结、思考题或评价表等）和技术性的助读系统（如术语、名词解释、步骤图、比较图、关系图、历史年表、地理区位图、标识、符号，以及知识拓展和资源库等）。栏目尽量用生动的词语表达，以凸显艺术学科特点。艺术教材的封面，要美观、大方、新颖、别致，体现艺术性，符合学生年龄特点，具有显著的可识别性。"

在《义务教育艺术课程标准（2022 年版）》的指导下，艺术教材的编写需打破学科同质化倾向，以"艺术语言为内核、文化根脉为底色、审美创造为路径"构建特色化内容体系，最终实现教材从"知识容器"向"审美发生场"的质变，让学生在触摸、解构、重组艺术的过程中，形成对中华美学的深层认知与创新表达能力。

第四节　美术课程教学策略、情境与学习活动建议

 学习任务

了解《义务教育艺术课程标准（2022 年版）》中美术课程教学策略及情境、学习活动建议。

学习目的、意义

通过学习本节的知识，了解美术课程教学策略及情境、学习活动建议，掌握美术课程教学策略、情境与学习活动的特点。

学习内容

《义务教育艺术课程标准（2022 年版）》中美术课程教学策略、情境与学习活动的建议。

一、概念解析

（一）教学策略

教学策略是在特定的教学任务中，为了提高教学的实效性，在某种教学观念、理念和原则的指导下，根据教学条件的特点，对教学任务的诸要素进行的系统谋划，以及根据谋划在执行过程中所采用的具体措施。教学策略可以分为宏观和微观两个层面。宏观教学策略被认为是为完成一项长期的、宏大的教学任务，对这一任务的课程目标、课程内容、教学方式、组织形式、教学资源、评价方式等进行的系统谋划及采取的具体措施。宏观教学策略统筹课程设计、教学资源、评价体系等要素，确保各环节相互支撑，聚焦学生核心素养的长期发展，结合社会需求、教育政策与技术变革动态调整策略。微观教学策略是指为完成特定时段或一节课的教学任务，对一段时间或具体一节课（或一单元）的教学目标、教学内容、教学方法、教学资源、教学评价等做出的系统谋划及采取的具体措施。课标中所列不同学段的教学策略建议可视为宏观教学策略，教师可根据实际教学需要选用，并自行制定微观教学策略。

（二）情境素材

"情境素材"是为营造特定的环境和氛围而使用的一种教学材料，具有一定的知识性，能够提供知识产生的背景和条件，为情境的创设提供更多信息。"核心素养"强调"解决复杂问题和适应不可预测情境"的种种能力，因此在教学中模拟出未来学生可能遇见的"情境"，学生在老师的指导下提前"演练"，获得解决问题所需的知识与技能、过程与方法、情感态度与价值观，形成相应素养。美术教学中的情境素材是教师为创设特定教学场景而使用的多样化资源，旨在通过模拟真实环境、融入情感体验或结合学科知识，帮助学生直观感知艺术魅力并激发创作灵感。其核心在于将抽象的美术概念转化为可感知的具象情境，引导学生通过沉浸式体验提高审美素养与创新能力。

（三）学习活动

学习活动是指为达成特定学习目标而设计的、有组织且系统化的参与性过程，是学生通过主动探索、实践、反思与互动，实现知识建构、技能提升或态度转变的核心载体。其本质是将"学"转化为"做"，强调学生主体性和情境化实践。美术课程教学中的"学习活动"是指教学情境的"教与学活动"。核心素养导向下的学习活动的实质是基于情境的学科实践活动，是学生在有意义的实践活动中构建学科知识、掌握学科知识与运用学科知识，通过调研、实验、创建和问题解决等方式达到对学科知识的深度理解和高阶思维培养的目的。它是一种为达成特定学习目标而进行的一系列有组织的师生行为。学习活动强调通过任务驱动、互动实践和反思调整，将被动接受转化为主动探究，是课堂教学落地的核心载体，遵循真实性、阶梯型、选择性、反馈性等原则。

在美术教学中，情境学习实践活动强调将艺术学习嵌入真实或模拟的场景中，通过任务驱动、多感官体验和文化浸润，帮助学生实现知识迁移与创意表达。美术情境学习实践活动的本质是让艺术回归生活现场。通过"真实问题+文化土壤+技术杠杆"的三维驱动，学生不仅能提升审美素养，还能在解决复杂问题的过程中，形成对自我、社区与文化的深层认知，真正实现"以美育人"的目标。因此，基于情境的学习活动结构应包含情境、问题、实践、分享四个维度（见表5-6）。

表 5-6　美术学科情境学习实践活动结构表

维度		体现特征	操作要点
情境		真实性 挑战性	（1）要贴近学生生活，有趣味。 （2）问题情境的设置应超越学生现有能力，又要在学生的最近发展区内
问题		驱动性	（1）基本问题：体现美术学科本质的驱动性问题。 （2）小问题：给学生留有思考空间和行动空间的问题
实践	实际事情	参与性	学生要有具体的事情可以做，通常表现为讨论、辩论、调研等
	理性思考	学科性	让学生运用美术学科知识、方法解决实际问题，要体现美术学科的思想、思维特点
	物化产品	可视性	学习活动要指向于有结果，通常表现为美术作品，鉴赏分析报告、学习单
分享		交互性	通过作品展示、报告分享等形式鼓励学生积极分享，实现知识与思想的整合

二、运用教学策略创设有效情境素材与学习活动

创设有效的情境素材与学习活动是教学设计的关键环节，能够激发学习兴趣、促进知识建构并提升学习效果。《义务教育艺术课程标准（2022年版）》根据学生身心发展阶段及学制，将九年一贯制的课程体系分为四个学段，符合学生的心理发展规律、成长规律、学习规律，为义务教育阶段教师进行教学设计提供了较为具体的操作指南。美术学科各学段教学策略建议概览见表5-7。

表 5-7　美术学科各学段教学策略建议概览

教学方面	第一学段	第二学段	第三学段	第四学段
情境素材来源	生活经验 学生兴趣	生活经验 学生兴趣	生活经验 学生兴趣 社会经验	生活经验 学生兴趣 社会经验
活动特点建议	生活化 情境化 趣味化 综合化	生活化 情境化 综合化	生活化 情境化 综合化	生活化 情境化 综合化
教学方法建议	合作学习 自主学习 游戏化学习	探究性学习 合作学习 自主学习 基于问题学习 基于项目学习	探究性学习 合作学习 自主学习 基于问题学习 基于项目学习 基于案例的学习	探究性学习 合作学习 自主学习 基于问题学习 基于项目学习 基于案例的学习 社区服务学习
其他建议			实地探访美术家、设计师和手工艺师	实地探访美术家、设计师和手工艺师
课程主题示例	校园里的色彩 我的学习生活 巧用问句 非遗小传人 形与色的交响乐	诗情画意 我是能工巧匠 中国年 本草的故事 难忘的红色之旅 以编程改善物品 与居室环境	世界美术之旅 中国画的魅力 科学幻想 校园美术馆 点亮乡村计划 校园中的故事	美术对社会发展的贡献 美丽大数据 和谐社区改造计划 中国文化传播 社区、公共空间的现状 与未来

第六节　美术教学研究建议

📋 学习任务

了解《义务教育艺术课程标准（2022 年版）》中美术教学研究的建议。

📋 学习目的、意义

通过学习本节的知识，了解艺术课程标准中的美术教学研究建议，掌握美术课程教学研究方法。

📋 学习内容

整体设计教研方案，开展主题教研，研究成果与经验分享。

一、基于调研整体设计教研方案

美术教学研究是围绕美术教育的理论构建、实践创新与效果评估展开的系统探究，旨在优化美术课程设计、提升学生艺术素养并推动学科教育发展。其核心在于平衡技法训练、审美培养与激发创造力，同时回应数字化、跨学科与文化传承等时代命题。新课标背景下的美术教学研究必须紧扣"以美育人"本质，通过文化根脉传承+当代语境转化的双向路径，构建"感知—创作—批判—联结"的完整学习闭环。研究者可重点关注素养测评工具开发、非遗活态传承课例、AI 艺术伦理教育等新兴领域，推动美术教育从"学科教学"向"全人美育"迭代升级。

义务教育艺术课程以立德树人为根本任务，培育和践行社会主义核心价值观，着力加强社会主义先进文化、革命文化、中华优秀传统文化教育。教师作为新课标的践行者，要树立为党育人、为国育才的意识，深入理解义务教育艺术课程性质和育人目标。《义务教育艺术课程标准（2022 年版）》提出，要"提高艺术教师全面育人素养"。教师在促进学生身心全面健康发展的同时，注重与学生共同成长，更新教育理念、提高专业能力、强化育人实践创新，从教育认知到跨学科思维转变育人思想，即从"技艺传授者"到"全人培养者"。提升艺术教师育人素养，通过"理念—能力—场景—制度"四维重构，让艺术教育真正成为培根铸魂、启智润心的生命课程。具体实施时可结合校情选择重点突破模块，如乡村学校可侧重"非遗传承+乡土情怀培养"，城市学校可强化"数字艺术+全球胜任力"。

《义务教育艺术课程标准（2022 年版）》提出，要"提升教研能力和研究水平"。教研能力和研究水平是艺术教师践行《义务教育艺术课程标准（2022 年版）》的根本保证，美术教师要通过深入理解新时代社会发展的新趋势，把握教育改革的新动态，树立新观念，深入研究基于核心素养的美术教育教学方法，根据当地实际情况，有序地改进教学。

整体设计教研方案。调查研究是教学研究的基础，不同城市之间，城市与农村之间，美术师资、设备、资源与学生的美术水平之间存在很大差异。只有通过调研，才能精准地诊断出教师在理解和实施美术课程中的问题与困难，以及学生特别是农村中小学美术学习的问题。基于诊断结果与现状，整体设计教研方案，确立研究方向和研究目标，有计划地根据调研发现的问题，分主题、分层次地设计教学研究的内容与活动，创造出与学校、教师、学生相适应的，有利于促进学校、教师、学生共同发展的教研方法，提高教学研究的针对性。

二、聚焦关键问题开展主题教研

《义务教育艺术课程标准（2022 年版）》实施的关键是教师，美术教师是集美术学科专业知识、教育教学能力和科学文化素养于一体的专业人员，应该是具备反思能力的实践者。要充分发挥教师的主动性，聚焦关键问题开展主题教研。《义务教育艺术课程标准（2022 年版）》要求："充分发挥教师的主动性，鼓励教师在教学实践中发现问题、解决问题。促进艺术教育教学研究的健康可持续发展。特别是要聚焦如何基于核心素养开展教学，如何开展任务驱动教学，如何以艺术活动为主线开展教学与评价，以及艺术课程如何传承中华优秀传统文化、革命文化、社会主义先进文化等关键问题，通过主题性的教研来解决。"艺术教师依托个人素养、教研能力和研究水平在教学实践中发现关键问题进而解决问题，促进美术教育教学研究的健康可持续发展。

核心素养导向下的美术教学不同于具体知识教学，强调在大观念统领下，进行有主题的单元式教学设计。教学实施依赖新的教学方式方法，如基于项目的学习（PBL）、任务驱动式教学、价值引领下的做中学、深度学习、理解为先的逆向教学设计等，强调以美术实践活动为主线开展教学与研究。

三、关注研究成果与经验分享

新课标背景下的研究分享必须把握课标重点，以研究论文、教学案例、教育调研报告等形式，通过线上线下研讨、专题讲座、优秀案例分享，引领基础美术课程改革。教育研究是一个开放的过程，区域内教学资源的统筹与融合，能够有效促进教学研究与教师研究能力的提高。有条件的地区可加强教研共同体建设，通过名师工作坊等开展多种主题教研活动，促进学校之间、教师之间的深度对话和互动交流。《义务教育艺术课程标准（2022年版）》要求："根据教研目标、内容和教师需求，采用专题讲座、案例分享、现场指导等多种形式分享教师的研究成果，特别要强化优秀教师经验的线上、线下共享，充分利用互联网开展主题沙龙、微论坛等分享交流活动。要加强区域教研共同体的建设，通过名师工作坊等形式开展单元学习、基于核心素养的教学等主题的成果推广，促进学校之间、教师之间的深度对话和互动交流。"同时，艺术教师的深度对话应超越"你说我听"的表层交流，通过结构化设计—艺术化参与—技术化沉淀，使互动本身成为专业成长的创作过程。如以"15分钟微对话"培养习惯，逐步构建"教学—研究—对话"三位一体的专业生态。

 **第六章** 美术课程学业质量的认识及水平划分

第一节 学业质量的内涵与结构

 学习任务

了解《义务教育艺术课程标准（2022年版）》中学业质量的内涵与结构。

 学习目的、意义

通过学习本节的知识，了解学业质量的内涵与结构，掌握美术课程学业质量的内涵及结构关系。

 学习内容

《义务教育艺术课程标准（2022年版）》学业质量的内涵与结构。

一、义务教育阶段学业质量的内涵

学业质量是学生在完成课程阶段性学习之后的学业成就表现，反映核心素养要求。学业质量标准以核心素养为主要维度，结合课程内容，对学生学业成就具体表现特征的整体刻画。

艺术课程学业质量标准是按照音乐、美术、舞蹈、戏剧（含戏曲）和影视（含数字媒体艺术）5个学科分别制定的。音乐和美术设1～9年级四个学段的学业质量标准，舞蹈、戏剧（含戏曲）和影视（含数字媒体艺术）设8～9年级一个学段的学业质量标准。

各艺术学科学业质量标准具有可测性、可评性，不设水平等级，只规定学生在每个学段学习结束之后应达到的合格标准。学业质量标准是教师教学评价的重要依据，也是学生需要达成的学习目标。同时，它还为教材编写者提供指导，为考试命题提供主要依据。

二、义务教育阶段学业质量结构

　　学业质量是 2022 年版艺术课标的重要组成部分，以义务教育艺术课程核心素养、课程目标、课程内容等为依据，具体包括四个学段的美术学业质量描述。课程对学业质量的定位和安排，为美术课程目标的教学落实提供了保障，为教师提供了重要参考，有助于教师动态把握学生的学业水平，持续判断学生与该学段最后水平的差距，最终培育学生艺术学科的审美感知、艺术表现、创意实践、文化理解四个核心素养（见图 6-1）。

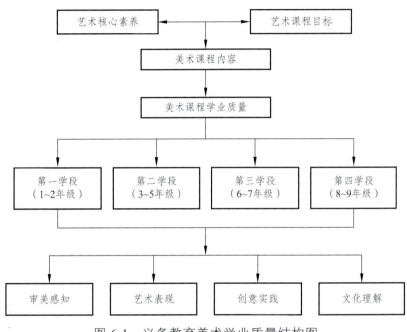

图 6-1　义务教育美术学业质量结构图

三、高中阶段学业质量的内涵

　　依据不同水平学业成就表现的关键特征，学业质量标准明确将学业质量划分为不同水平，并描述了不同水平学习结果的具体表现。高中学业质量水平是阶段性评价、学业水平考试和高考命题的重要依据。

　　艺术学科学业质量以模块学习内容和艺术学科核心素养为框架，对核心素养水平进行具体化阐述，是学生在学完高中艺术课程之后所获得的艺术素养的成就表现，是分水平呈现的、可测评的学习结果。

　　本学业质量结合学习内容与学习行为，设置一定的情境与任务，分为 3 级水平。水平 1、水平 2、水平 3 之间是递进关系，水平 1 是学生在学习本门课程后的合格水平，水平 2 是学生在学习本门课程后的良好水平，水平 3 是学生在学习本门课程后的优秀水平。达到合格水平可获得本模块的学分。

本学业质量根据必修模块和选择性必修模块的具体内容、考虑高中学生的实际状况设定，是艺术课程教育质量的重要体现和关键指标，可以指导教学、评价、命题与教材编写。

四、高中教育美术学业质量结构

将美术学科核心素养的培养落实到每一位学生身上，是普通高中美术课程标准修订过程中着力思考和要解决的问题。为此，美术学科核心素养本位的教学成效需要实现可测、可评。为了实现这一点，必须划分核心素养各级水平具体化的学业质量水平。基于学业质量水平的划分，可进一步推进核心素养本位美术教学评价的改革和实践。核心素养水平划分、学业质量水平与考试评价的关系、学业质量水平的划分，这些都是为了帮助教师实现核心素养、教学目标、教学方式与评价的贯穿和统一（见图 6-2）。

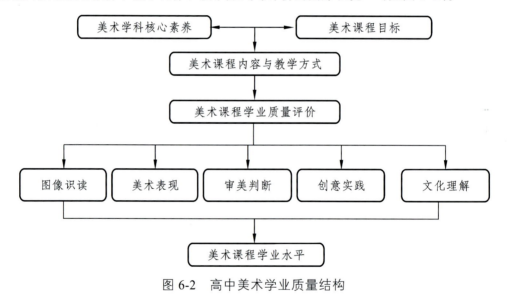

图 6-2　高中美术学业质量结构

第二节　美术学业质量描述

📋 学习任务

了解《义务教育艺术课程标准（2022 年版）》中的美术学业质量描述与内容分析。

📝 **学习目的、意义**

通过学习本节的知识，了解美术学业质量描述与内容分析，掌握美术课程学业质量的具体内容。

📝 **学习内容**

《义务教育艺术课程标准（2022年版）》中的美术学业质量描述与内容分析。

美术学业质量描述采用的是学段和学业质量描述相对应的分学段描述。在义务教育四个学段划分上，本次课程标准在《义务教育美术课程标准（2011年版）》的基础上做了重大调整，其中第一学段维持1～2年级不变，第二学段由3～4年级改为3～5年级，第三学段由5～6年级改为6～7年级，第四学段由7～9年级改为8～9年级。在学业质量描述上，关于义务教育阶段美术知识与技能的连续性和递进性，相对于其他学科而言，描述更模糊，可以发现"坡度"但难以找到"台阶"。因此，对缺乏"台阶"感的美术课程的学业质量划分采用"宜粗不宜细"的原则，只是在每个学段进行相应的学业质量描述，不设水平等级，只规定学生在每个学段学习结束后应达到的合格标准。

一、义务教育阶段美术学业质量描述（见表 6-3）

学段	学业质量描述
第一学段（1～2年级）	·能从线条、形状、色彩、肌理等方面欣赏、评述周边环境中各种自然物与人造物，学会发现、感受、欣赏其中的美。（审美感知） ·能识别至少5种生活中常见的标识，知道其用途和所传递的信息，并能用自己的语言与同学分享、交流。（审美感知） ·能根据教师提出的主题或根据自己的所见所闻、所感所想，使用美术工具、材料和媒介创作1～2件富有创意的平面、立体或动态的美术作品（如绘画、泥塑、定格动画等）。（艺术表现、创意实践） ·能针对1～2件生活用品的设计提出改进的想法，并能进行装饰和美化。（审美感知、艺术表现、创意实践） ·能运用撕、剪、编织等方法制作1～2件工艺品（如剪纸、小挂饰等）。（艺术表现、创意实践） ·能口头表述对"中国传统美术是中华民族文化艺术的瑰宝"的感受。（文化理解） ·能积极参与小组或班级组织的各种造型游戏活动，并结合各种活动创作1～2件作品。（艺术表现） ·在造型游戏活动中，能与同学交流合作，并尊重、理解他人的看法（文化理解）

学段	学业质量描述
第二学段 （3～5年级）	·知道至少4位中外著名美术家及其代表作。（审美感知） ·能运用感悟、讨论和比较的方法，描述、分析作品的主要内容和特点。（审美感知、文化理解） ·知道3～4种美术门类（如绘画、雕塑、书法、篆刻、摄影、设计、建筑、媒体艺术等）。（审美感知） ·能说出2～3种中国民间美术的类别（如剪纸、皮影、年画、泥塑、刺绣、蜡染等）。（审美感知） ·能口头或书面表述对"中国美术源远流长的历史和多样的艺术魅力"的体会。（审美感知、文化理解） ·能根据教师提出的主题或自己的所见所闻、所感所想，创作2～3件富有创意的平面、立体或动态的美术作品（如绘画、泥塑、摄影、定格动画等），运用造型的手段表达美。（艺术表现、创意实践） ·能从舒适、美观、便利的角度发现日常生活用品存在的不足，并用手绘草图的形式提出改进建议。（审美感知、创意实践） ·能为班级或学校的活动设计2～3件作品（如标识、贺卡或海报等）。（创意实践） ·能口头或书面表述对"设计改善、美化生活的作用和意义"的认识。（审美感知、文化理解） ·能用剪、刻、折、叠、卷曲、捏塑、插接等方法制作1～2件工艺品（如剪纸、编织、刺绣、印染、陶艺、风筝等）。（艺术表现、创意实践） ·能口头或书面表述对"传统工艺师敬业、专注、精益求精的工匠精神"的体会。（审美感知、文化理解） ·能运用不同学科的知识、技能和思维方式创作1～2件作品（如图画书、摄影、动画、微电影、戏剧小品等）。（创意实践） ·能将美术与其他学科的知识、技能相结合，提出解决问题的思路和方案。（艺术表现、创意实践） ·在参与综合探索活动中，能主动学习和探究；在交流、合作时，能尊重、理解他人的看法（文化理解）
第三学段 （6～7年级）	·知道至少6位不同历史时期中外著名的美术家及其代表作。（审美感知） ·能运用感悟、讨论、比较等方法分析、描述作品的主要内容和特点。（审美感知、文化理解） ·知道2～3种外国民间美术的类别。（审美感知） ·能口头或书面表述对"世界美术的多样性、差异性"的感受和认识。（审美感知、文化理解） ·能采用不同的手段（如写实、夸张或变形等），创作至少3件富有创意的平面、立体和动态的美术作品（如绘画、雕塑、摄影、定格动画、微电影等）（艺术表现） ·能对学校、社区等公共空间的环境进行调研，绘制作品（如手绘草图、制作模型等），或撰写200～300字的调研报告。（审美感知、艺术表现）

学段	学业质量描述
第三学段（6～7年级）	・能为学校的不同活动设计 2～3 件作品（如海报、封面、书籍装帧、统计图表等）。（艺术表现、创意实践） ・能运用剪、刻、折、叠、编、卷曲、捏塑、磨制等方法，制作 2～3 件工艺品（如剪纸、编织、刺绣、印染、陶艺等）。（艺术表现、创意实践） ・能口头或书面表述对"守正创新"的内涵与意义的感受和理解。（文化理解） ・能以校园现实生活中的人物、事物或景物为素材，创编 1 部微电影。（艺术表现、创意实践） ・能运用跨学科的方法，多角度、辩证地分析问题，具有一定的综合探索和学习迁移的能力（文化理解）
第四学段（8～9年级）	・知道至少 6 件我国古代不同历史时期的美术作品（包括绘画、雕塑、工艺、建筑等）。（审美感知） ・能口头或书面表述对"中国美术源远流长的历史和艺术成就"的理解。（文化理解） ・能用美术语言，从作品的内容与创作背景等方面，介绍 2～3 件反映我国近现代以来追求民族独立解放和党团结带领人民进行革命、建设、改革的美术作品。（审美感知、文化理解） ・能辨析世界美术史上 2～3 个主要流派（如古典主义、现实主义、浪漫主义、印象主义和现代主义等）。（审美感知） ・能口头或书面表述对世界美术多样性的理解，形成开放的心态和全球意识。（文化理解） ・能采用不同的手段（如写实、夸张、变形、抽象等），创作至少 3 件富有创意的平面、立体和动态的美术作品（如绘画、雕塑、摄影、定格动画、微电影等）。（艺术表现、创意实践） ・在创作中能通过想象、联想、归类、重组等方式进行艺术构思，表达思想和感情。（艺术表现、创意实践） ・能根据学校或社区的学习、生活需要设计 2～3 件作品（如海报、统计图表、手绘地图、书籍装帧、校服、立体模型等）。（艺术表现、创意实践） ・能根据可持续发展的理念对社区环境或所居住地区的革命遗址、古建筑、古村落进行调研，并创作作品（如制作立体模型、拍摄微电影等），或撰写 300～500 字的调研报告。（艺术表现、创意实践） ・能根据当地的实际情况，提出保护非物质文化遗产的建设性意见，撰写 300～500 字的报告。（文化理解） ・能运用剪、刻、折、叠、编、卷曲、捏塑、焊接等方法，制作 2～3 件工艺品（如剪纸、编织、刺绣、印染、陶艺，或竹木、金属材料的作品等）。（创意实践） ・能口头或书面表述对"继承、发展文化遗产是每一代人的责任"的理解。（文化理解） ・能用口头、书面或图像的方式阐述对"美术对个人发展、社会进步及构建人类命运共同体的独特作用"的理解（艺术表现、文化理解）

二、美术学业质量描述内容分析

"美术学业质量"通常是指学生在美术学科学习过程中所达到的知识、技能、素养等方面的综合水平。它是衡量学生美术学习效果的重要指标，也是教育评价体系的一部分。根据《义务教育艺术课程标准（2022 年版）》明确的不同学段的学业质量要求，美术学业质量不仅是对技能的量化考核，还是学生审美素养、创造力与人文情怀的综合体现。美术学业质量一般从学段、问题情境、认知要求、知识与技能、价值观念、行为条件、实践活动等要素进行描述。为了使学业质量标准清晰明了且容易被教师和学生理解，描述的内容在关注细节的同时追求精炼准确，并且呈现出一定的水平；同时，描述的学业成就可以进行观察和测量。下面以第一学段（3～5 年级）学业质量描述为例进行分析（见表 6-4）。

表 6-4　第二学段美术学业质量描述内容分析

| 第二学段
（3～5 年级） | ·知道至少 4 位中外著名美术家及其代表作。（审美感知）
·能运用感悟、讨论和比较的方法，描述、分析作品的主要内容和特点。（审美感知、文化理解）
·知道 3～4 种美术门类（如绘画、雕塑、书法、篆刻、摄影、设计、建筑、媒体艺术等）。（审美感知）
·能说出 2～3 种中国民间美术的类别（如剪纸、皮影、年画、泥塑、刺绣、蜡染等）。（审美感知）
·能口头或书面表述对"中国美术源远流长的历史和多样的艺术魅力"的体会。（审美感知、文化理解）
·能根据教师提出的主题或自己的所见所闻、所感所想，创作 2～3 件富有创意的平面、立体或动态的美术作品（如绘画、泥塑、摄影、定格动画等），运用造型的手段表达美。（艺术表现、创意实践）
·能从舒适、美观、便利的角度发现日常生活用品存在的不足，并用手绘草图的形式提出改进建议。（审美感知、创意实践）
·能为班级或学校的活动设计 2～3 件作品（如标识、贺卡或海报等）。（创意实践）
·能口头或书面表述对"设计改善、美化生活的作用和意义"的认识。（审美感知、文化理解）
·能用剪、刻、折、叠、卷曲、捏塑、插接等方法制作 1～2 件工艺品（如剪纸、编织、刺绣、印染、陶艺、风筝等）。（艺术表现、创意实践）
·能口头或书面表述对"传统工艺师敬业、专注、精益求精的工匠精神"的体会。（审美感知、文化理解）
·能运用不同学科的知识、技能和思维方式创作 1～2 件作品（如图画书、摄影、动画、微电影、戏剧小品等）。（创意实践）
·能将美术与其他学科的知识、技能相结合，提出解决问题的思路和方案。（艺术表现、创意实践）
·在参与综合探索活动中，能主动学习和探究；在交流、合作时，能尊重、理解他人的看法（文化理解） |

注：相关标注说明
　——————　认识要求　　　　———————　价值观念
　·············　行为条件　　　　———————　实践活动
　————　问题情境　　　　—————　知识与技能

美术学业质量作为检验学生核心素养达成情况的重要途径，突出了美术课程促进学生全面成长的重要性，呈现了学生在学习过程中表现出来的知识学习递增变化和学业水平发展的状态，在描述内容上体现了素养导向性、学段连续性、知识进阶性、过程持续性、评价可测性等特点。因此，在美术课程实施中，要以践行和培育学生艺术核心素养为导向，对学生美术学习后应达成的学业程度进行预测与描述。由于学生在"造型·表现""设计·应用""欣赏·评述""综合·探索"四类艺术实践活动中对美术知识与技能的掌握、人文素养的获得具有层级性与阶段性，并非一蹴而就，因此需要教师树立以核心素养为本位的学业质量观，把学生的美术学习贯穿在整个四个学段之中。美术教师要熟练掌握并运用学业质量标准，从精心设计单一的真实问题情境走向营造复杂、陌生的问题情境，关注学生在情境中可能出现的各种困难和美术表现，引导学生进行自主学习、合作学习、开放性学习和探究性学习。教师要选择多元化的评价方式来优化美术课程的教学与评价，逐步实现评价结果、学业质量及课程标准之间的一体化，为培养学生的创新精神、情境分析能力和审美理解能力持续提供帮助。

根据不同阶段学业要求、学业质量、评价建议，下面举例说明如何达到与色彩教学相关的学业质量标准。

案例：第四学段色彩主题的学业质量达成依据与途径

（一）化零为整的学业质量实施原则

1. 结合整体学习内容要求，对学业质量评价整体把握

美术学业质量标准不同学段相互关联，以课程内容中各学段学习任务的具体内容要求和学业要求为依据，通过课堂评价、作业评价与期末评价来检验学业质量是否达成。在教学的过程中，应把握课堂教学的整体环节，突出教、学、评的一致性。课程教学内容、学业质量、课程实施，应具体可量化，如在教学内容中的"学业要求"表现最为具体，学业质量描述中的学业质量可量化，评价建议则强调学业质量评价发生的时间、内容与方式。

2. 根据具体概念，不同学段系统整理

美术学业质量的具体内容不是单一的。美术学科的概念庞杂，包含义务教育阶段和高中阶段，教学内容丰富，难度逐渐增加。需寻求好的切入点，沿学段进行系统的认识，有利于加强对学业质量的理解，找到具体实施的途径与方法。下面以色彩教学为例进行说明。

（二）串联学段的色彩学业质量依据

1. 具体实施过程中，梳理各学段色彩教学内容要求

色彩是视觉造型语言的主要表达形式之一，在美术课程教学内容中概述了4个学段，包括除美术之外的其他艺术学科课程内容与学业要求。"色彩"在教材编写中单独呈现

了学业质量要求。"色彩"的学业质量对美术课程和艺术课程的学业质量达成都具有重要价值。

"色彩"课程内容具体体现在4个学段内容要求的"学习任务2"中，以艺术表现素养为主（见表6-5）。

表6-5 各学段色彩"内容要求"梳理

学段	色彩相关"内容要求"	色彩相关概念	核心概念
第一学段（1～2）年级	引导学生尝试使用不同的工具、材料和媒介，以线条、形状、色彩、肌理等造型元素和对称、重复等形式原理按照自己的想法，以平面、立体或动态等表现形式表达所见所闻、所感所想	无	
第二学段（3～5）年级	通过调和不同的颜色，认识原色、间色、复色、对比色和邻近色的特点	原色、间色、复色、对比色、邻近色	色相
第三学段（6～7）年级	学习冷色调、暖色调、互补色、对比色等方面的色彩知识，体验不同色彩所带来的不同感受	冷色调、暖色调、互补色、对比色	
第四学段（8～9）年级	学习有关色彩三要素、色彩情感特征等方面的知识	色彩三要素、色彩情感特征	色彩的情感表现
第五学段（高中）	美术鉴赏：激发观看兴趣，通过对色彩、肌理细节的观看，获得视觉感受，积累观看美术作品经验		
	绘画：运用色彩等手段进行描绘……了解油画、丙烯画、水彩画不同工具材料，认识各自特征		
	通过对风景写生训练，初步掌握色彩关系……		
	中国书画：了解并掌握中国书画必备的笔墨纸砚、中国画颜料……的使用方法，理解其独有的文化特性。		
	通过山水画、花鸟画和人物画的临摹和创作练习……加深对中国画特有的艺术语言的理解		
	工艺美术：认识不同手工艺品的材质、造型、色彩制作方法，探索其与功能性、审美特征和现代生活的关系		
	现代媒体艺术：通过欣赏和练习，自主地分析摄影、摄像中美术语言的运用（如光、色……）挖掘其独特的形式美感及其背后的文化内涵；尝试运用"……光线和符号"等基本的媒体要素及视觉表现语言进行媒体艺术的基础练习 学习数码绘画的要素和方法（如构图、造型、色彩……）并尝试创作新颖的数码绘画作品		

课程标准对与"色彩"相关学业质量制定的学习任务，体现了连续性、进阶性、持续性。第一学段以色彩感受与体验为主，不强调具体概念；第二学段认识原色、间色、

复色等基础概念及相关调和原理，并初步学习色相环中的对比色和邻近色概念；第三学段继续认识色相环的对比色、互补色等，并进一步学习以色相为基础的冷暖色调知识。由此可知，前三个学段以色相知识为学习重点。与前三个学段相比，第四学段的学生抽象认知能力大幅度提升，内容要求其学习色彩三要素，认识色彩的完整概念、运用方法及表现目的。因此，首先应从色彩三要素的角度进行高度概括；接着通过三要素的具体运用引出色彩表现的目的，即色相、明度、纯度等知识应最终易于人类情感的接受与表达。色彩课程以培养艺术表现核心素养为主，兼顾提高审美感知素养和文化理解素养的学业要求。

第四学段的色彩知识最全面、高度最凸显、内涵最丰富，学业质量标准达成的难度也略微加大。那么，与色彩相关的学业质量标准具体有哪些？如何达成呢？

2. 依学段提取与色彩相应的学业质量标准（见表6-6）

表6-6　与色彩相应的学业质量标准

学段	学业质量描述	色彩相关艺术表现素养及学业质量	色彩相关其他核心素养及学业质量
第四学段（8-9年级）	知道至少6件我国古代不同历史时期的美术作品（包括绘画、雕塑、工艺、建筑等）（审美感知）		知道1件我国古代色彩绘画作品
	能口头或书面表述对"中国美术源远流长的历史和艺术成就"的理解（文化理解）		能口头或书面表述中国古代色彩运用成就
	能用美术语言，从作品的内容与创作背景等方面，介绍2~3件反映我国近现代以来追求民族独立解放和党团结带领人民进行革命、建设、改革的美术作品（审美感知、文化理解）		能用美术语言介绍1件反映我国近现代以来追求民族独立解放和党团结带领人民进行革命、建设、改革的优秀作品
	能辨析世界美术史上2~3个主要流派（如古典主义、现实主义、浪漫主义、印象主义和现代主义等）（审美感知）		能辨析印象主义色彩表现特征
	能口头或书面表述对世界美术多样性的理解，形成开放的心态和全球意识（文化理解）		能口头或书面表述对世界不同色彩文化理解
	能采用不同的手段（如写实、夸张、变形、抽象等），创作至少3件富有创意的平面、立体和动态的美术作品（如绘画、雕塑、摄影、定格动画、微电影等）（艺术表现、创意实践）	能合理运用色彩三要素，创作一幅绘画作品	

学段	学业质量描述	色彩相关艺术表现素养及学业质量	色彩相关其他核心素养及学业质量
	在创作中能通过想象、联想、归类、重组等方式进行艺术构思，表达思想和感情（艺术表现、创意实践）		在创作中能运用色彩调和、对比等方式表达思想与情感
	能根据学校或社区的学习、生活需要设计2～3件作品（如标识、海报、统计图表、手绘地图、书籍装帧、校服、立体模型等）（艺术表现、创意实践）		
	能根据可持续发展的理念对社区环境或所居住地区的革命遗址、古建筑、古村落进行调研，并创作作品（如制作立体模型、拍摄微电影等），或撰写300～500字的调研报告（艺术表现、创意实践）	能合理运用色彩调和、对比等原理，设计一幅色彩构成平面作品	
	能根据当地的实际情况，提出保护非物质文化遗产的建设性意见，撰写 300～500 字的报告（文化理解）		
	能运用剪、刻、折、叠、编、卷曲、捏塑、焊接等方法，制作2～3件工艺品（如剪纸、编织、刺绣、印染、陶艺，或竹木、金属材料的作品等）（创意实践）		能在工艺品制作中合理运用色彩语言进行表现
	·能口头或书面表述对"继承、发展文化遗产是每一代人的责任"的理解（文化理解） ·能用口头、书面或图像的方式阐述对"美术对个人发展、社会进步及构建人类命运共同体的独特作用"的理解（艺术表现、文化理解）		以口头、书面或图像方式阐释色彩对个人发展、对社会进步的独特价值

因此，色彩学业质量应在把握整体学段的基础上综合认识，在教学中聚焦其本位的艺术表现素养及相关学业质量的达成，同时也要重视审美感知与文化理解对色彩教学的重要价值。

（三）主要环节的色彩学业质量评价实施

学业质量的达成要进行判断，教师可以对色彩教学认知与实践应具备的色彩知识进行学业质量梳理，参照评价建议中的主要环节——课堂评价、作业评价、期末评价等，对学业质量进行分析、归类。

表 6-7 为色彩教学实施内容库。

表 6-7　色彩教学实施内容库

色彩内容要求			色彩学业质量与主要评价环节
色彩三要素	色相	有彩色和无彩色	（1）能辨别有彩色和无彩色（课堂评价） （2）能口头表述有彩色和无彩色的视觉特点（课堂评价）
		色调调和与色相环	 三原色与三间色　　　　　　复色 色相环　　　　　　　　色彩调配 （1）能运用色料三原色调和出间色、复色、色相环（课堂评价） （2）能口头表述色彩原色、间色、复色的调色关系（课堂评价） （3）能书面表述色彩原色、间色、复色的调色关系（课堂评价）
		色相对比与情感表现	（1）能口头或书面表述色相对比关系（课堂评价、期末评价） （2）能辨析生活或绘画作品中的色对比关系及相应情感特征（课堂评价、期末评价） （3）能运用色相对比关系创作一幅色彩绘画作品（作业评价） （4）能口头对同学的色相对比作品进行分析和评价（课堂评价）

色彩内容要求			色彩学业质量与主要评价环节
色彩三要素	色相	色相对比与情感表现	邻近色、类似色、对比色、互补色
	明度	明度调和	（1）能调和出某一色相的明度渐变（课堂评价） （2）以头、书面或图像的方式阐释明度对绘画作品感官的作用和情感影响（课堂评价） 明度调和
		明度对比与情感表现	（1）能运用明度的视觉感受分析一幅中国古代绘画作品（课堂评价、作业评价） （2）能阐释明度在生活中的具体运用，以及对个人发展、社会进步的独特作用（课堂评价）
	纯度	纯度调和	（1）能调和出某一色相的不同纯度（课堂评价） （2）能辨析色彩的低纯度或高纯度（课堂评价） （3）能理解纯度变化与明度变化相伴相生的规律（课堂评价） 色彩纯度

色彩内容要求			色彩学业质量与主要评价环节
色彩三要素	纯度	纯度对情感表现	（1）能理解纯度对比引发的视觉感受规律。如色相的不确定性及视错觉感受（课堂评价） （2）以口头、文字或图像方式阐释生活中一幅美术作品的纯度对比的应用方式、带来的感受和对情感的影响（课堂评价） 色彩纯度与情感
		色彩三要素综合	（1）知道色立体。（课堂评价） （2）能合理运用色彩三要素，创作一件绘画作品（作业评价） （3）能合理运用色彩对比与调和的原理，设计一件色彩构成的平面作品。（作业评价） （4）能在制作工艺品时合理运用色彩要素语言进行表现 （5）能辨析世界美术史上 2~3 种流派色彩表现方式与特点，如古典主义绘画作品注重明度对比，印象派作品注重色相对比及纯度对比等（课堂评价、考试评价） （6）能口头或书面表述中国古代色彩运用的成就（课堂评价、考试评价）
	色调	色调种类	（1）能口头或书面表述色调的种类（基于三要素：色相、明度、纯度，如暖色调、冷色调、明调子、暗调子、灰调子等）（课堂评价、考试评价） （2）能辨析生活或绘画作品中的色调种类（课堂评价） 冷色调　　　　　　暖色调《中国红》，吴云华

113

色彩内容要求			色彩学业质量与主要评价环节
色彩三要素	色调	色调与情感表现	（1）能理解色调与通感的联系 （2）能理解色调与情感表现的关系 （3）能运用色调原理分析一件我国近现代以来追求民族独立解放和党团结带领人民进行革命、建设、改革的色彩作品，理解作品中的情感表达方式（课堂评价、考试评价） （4）能运用色调知识、创作一幅美术作品（课堂评价、考试评价） 初踏黄金路（版画）（李焕民，1963）

学业质量的评价旨在引导教师和学生注重学生核心素养的培育，强调培养学生的知识综合运用能力以及解决实际问题的能力，明确每个学段学生应达到的学业程度，把握教育教学的深度和广度，落实新课标的新理念和新要求。

 **美术学科教学策略与方法**

第一节　对教学策略的理解

 学习任务

了解美术教学策略的含义，教学策略的分类，教学策略与教学模式、教学方法的关系，教学策略的特点。

 学习目的、意义

通过学习本节的知识，了解美术教学策略的含义，教学策略的分类，教学策略与教学模式、教学方法的关系，教学策略的特点。运用教学策略实施教学。

 学习内容

美术教学策略的含义，教学策略的分类，教学策略与教学模式、教学方法的关系，教学策略的特点。

一、教学策略的含义

教学策略是教师为了实现教学目标、提高教学效果而采取的一系列有计划、有组织的教学行为和措施。一个科学而全面的教学策略应当涵盖多个方面，以确保教学活动高效、有序。广义的教学策略既包括教的策略，又包括学的策略。而狭义的教学则专指教的策略，属于教学设计的有机组成部分，即在特定教学情境中为完成教学目标和适应学生认知需要而制订的教学程序计划和采取的教学实施措施。[1]所谓教学策略，是指针对教学问题谋划或采取的教学方式方法的集合。在特定的教学任务中，为了提高教学的实效，在某种教学观念、理念和原则的指导下，根据教学条件和特点，对教学任务的诸要素进行系统谋划，根据谋划在执行过程中采取具体措施。教学策略贯穿教学整个过程，

---

① 车文博. 当代西方心理学新词典[M]. 长春：吉林人民出版社，2001:10.

不单指教学任务执行过程中的具体措施，还包括贯穿全套教学活动的系统谋划。在全套教学活动中，每一种教学活动都要达到某一特定的目标。只要目标不变，一种策略可以以基本稳定的形式广泛地用于教师、年级、学生及教学内容。这一术语由希尔德·泰伯（Hilda Taba）于20世纪60年代后期推广，当时她提出了儿童思维技能发展的教学策略。她的基本策略是教师向学生提出一套先后有序的具体问题（问题形式由泰伯规定）。当学习者在形成概念、进行推理和概括，或把这些概念应用于新环境时，这些问题就为学习者的反应提供了一个聚焦中心。其他还有引起注意的策略和评估学习概念的策略等。[①]教学策略是实施教学过程的教学思想、方法模式、技术手段这三方面动因的简单集成，是教学思维对其三方面动因进行思维策略加工而形成的方法、模式。

教学策略是为实现某一教学目标而制订的、付诸教学过程实施的整体方案，包括合理组织教学过程、选择具体的教学方法和材料、制定教师与学生所遵守的教学行为程序。

第一，教学策略包括教学活动的元认知过程、教学活动的调控过程和教学方法的执行过程。

第二，教学策略不同于教学设计，也不同于教学方法，是教师在现实教学过程中对教学活动的整体性把握和推进的措施。

第三，教师在教学策略的制定、选择与运用中，要从教学活动的全程入手，要兼顾教学的目的、任务、内容、学生的状况和现有的教学资源，灵活机动地采取措施，保证教学的有效有序进行。

第四，教学策略是一系列有计划的动态过程，具有不同的层次和水平。

二、教学策略分类

从不同的角度可以将教学策略分为很多类，如问题导向式教学策略、基于真实情境教学策略、自主学习教学策略等。

1. 问题导向式教学策略

问题导向式教学策略是一种以真实问题为起点，通过学生自主探究、合作解决问题来驱动知识建构与能力发展的教学模式。其核心在于通过问题激发学生的高阶思维，培养学生解决复杂问题的综合素养。以真实问题为驱动，融入学科核心素养或社会议题，通过学生主导问题探究过程，合作探究共同解决问题，以成果产出为导向，最终形成艺术作品或设计方案。问题导向式教学将美术课堂转化为"创意实验室"，让学生在真实问题中体验艺术的力量——不仅是美的创造，还是思考与改变世界的工具。

[①] 王国富，王秀玲. 澳大利亚教育词典[M]. 武汉：武汉大学出版社，2002:11.

案例：问题"如何通过艺术帮助视障人群感知世界？"

探究过程：

1. 体验视障人生活，理解触觉与听觉的重要性。

2. 研究触觉艺术（如浮雕、纤维艺术）与声音艺术形式。

3. 设计多感官交互装置《触摸四季》：用不同纹理的材料与自然声音模拟季节变化。

4. 邀请视障群体体验并优化作品。

成果： 可交互装置+用户体验反馈报告。

2. 基于真实情境的教学策略

教学情境是指作用于学习主体，产生一定情感反应的客观环境。从狭义上说，教学情境是由教学的具体环境和教学内容、师生情绪和情感等构成的教学氛围，包括物理的和心理的两方面内容，是"情"和"境"的融合。教学应该在和真实情境类似的环境中发生，在真实情境中学习，可以提高学生学习的参与度，促进其对所学内容意义建构的同时，减少知识与解决问题之间的差距，提高学生迁移知识的能力。基于真实情境的美术教学策略强调将艺术学习嵌入学生生活、社会文化或自然环境等真实场景中，通过联结现实问题、在地资源与文化脉络，培养学生以艺术视角观察、回应和改造世界的能力。教学实施中可依托本地文化、社区环境或校园生活，挖掘可转化为艺术学习的情境素材，围绕真实存在的挑战或需求展开创作（如社区空间美化、文化遗产保护、环境问题倡导）；通过调研、合作、创作与展示实现知行合一；将作品与社会连接，通过作品展示与受众互动，产生社会影响力（如公共艺术装置、公益展览）。

案例：自然环境对话

情境： 校园周边湿地生态退化。

任务： 采集湿地植物标本，制作"自然之声"生态艺术装置（结合声音、影像与实物）。

成果： 装置展览引发师生对湿地保护的讨论，促成环保社团行动。

价值： 通过艺术唤醒生态意识，促进STEAM跨学科学习。

3. 自主学习教学策略

自主学习策略的核心是要发挥学生学习的主动性、积极性，充分体现学生的认知主体作用，其着眼点是如何帮助学生"学"。自主学习教学策略是以学生为主体，通过激发内在动机、培养元认知能力与自我管理技能，引导学生主动规划、执行和评估学习过程的教学方法。其核心在于赋能学生成为独立的学习者，在美术教学中尤为强调个性化创作、反思迭代与终身艺术素养的培养。自主学习教学策略旨在培养具有内在艺术热情、独立学习能力与创造性思维的新一代艺术学习者，让美术教育真正滋养个体成长。

案例：自主研习"中国传统色彩"

学生路径：

目标设定：研究敦煌壁画色彩体系，创作现代服饰配色方案。

资源搜集：查阅《敦煌色谱》、分析 Pantone 年度流行色报告。

实践输出：设计系列国潮丝巾图案，用天然植物染料印染。

成果展示：举办"古色新颜"线上拍卖会，收益捐赠给非遗保护基金。

三、教学策略与教学模式、教学方法的关系

教学策略与教学模式都是教学规律、教学原理的具体化，都具有一定的可操作性。只是教学模式是相对稳定的、可供参照的一系列教学行为的组合。而教学策略尽管也以一整套的教学行为作为表征，但其本身是灵活多变的，不相对固定。教学模式有一定的逻辑线索，指向整个教学过程。而教学策略的结构性却显得不足，往往比较明显地指向单个教学行为。教学策略具体体现在教与学的相互作用中。在某个教学模式中，可以采用多种教学策略，而一个教学策略也可用于多种教学模式。

教学模式是在一定的教育思想、教学理论和学习理论指导下，为完成特定的教学目标和内容，围绕某一主题形成的比较稳定且简明的教学结构理论框架以及具体可操作的教学活动方式。从这个定义来看，教学模式至少具备以下特点：在一定理论指导下；需要完成规定的教学目标和内容；表现一定的教学活动序列及其方法策略。

（一）教学模式

美国学者乔伊斯和韦尔把众多教学模式归纳为四种基本类型：第一类是信息加工教学模式，第二类是个性教学模式，第三类是合作教学模式，第四类是行为控制教学模式。

教学模式、教学策略和教学方法都是教学原则、教学规律的具体化，相互之间既有联系，也有一定的区别。教学策略与教学模式的联系是：都是教学规律、教学原理的具体化，都具有一定的可操作性。区别是：教学模式依据一定的逻辑线索指向整个教学过程，具有相对的稳定性。教学策略本身是灵活多样的，结构性显得不足，往往指向单个的或局部的教学行为。

（二）教学策略

教学策略主要有问题导向式教学策略、基于真实情境教学策略、先自主学习教学策略、"五步教学程序"（杜威学派）、"概念获得"（布鲁纳）、"传递—接受"教学、"引

导—发现"教学情境、启发式教学策略等。教学方法是师生互动的方式和措施，最为具体，最具可操作性，在某种程度上可以看作教学策略的具体化。但是，教学方法是在教学原则的指导下在总结经验的基础上形成的，因此具有一定的独立性，其形成和运用受到教学策略的影响。教学策略不仅表现为教学的程序，而且包含对教学过程的元认知自我监控和自我调整，在外延上大于教学方法。

（三）教学方法

我国常用的教学方法有讲授法、谈话法、讨论法、演示法、练习法、实验法等。总之，三者之间的关系从理论向实践转化的阶段或顺序看，是从教学理论到教学模式，到教学策略，到教学方法，再到教学实践。教学策略是对教学模式的进一步具体化，教学模式包含教学策略。教学模式规定教学策略、教学方法，属于较高层次。教学策略比教学模式更详细、更具体，受教学模式的制约。教学模式一旦形成就比较稳定；教学策略则较灵活，具有一定的可变性，会随着教学进程的变化及时调整、变动。二者是不同的概念。教学方法是更为详细具体的方式、手段和途径，是教学策略的具体化，介于教学策略与教学实践之间，要受制于教学策略，教学展开过程中选择和采用什么方法，受到教学策略的支配。教学策略在层次上高于教学方法。教学方法是具体的、可操作性的东西；教学策略则包含监控、反馈内容，在外延上要广于教学方法。

四、教学策略的特点

（一）对教学行为的指向性

教学策略是为实际的教学服务的，是为了达到一定的教学目标和教学效果。目标是教学整个过程的出发点。教学策略的选择行为不是随意的，而是指向一定的目标。任何教学策略都指向特定的问题情境、特定的教学内容、特定的教学目标，规定师生的教学行为。只有在具体的条件下，在特定的范畴中，教学策略才发挥它的价值。一旦完成了既定的任务、解决了想解决的问题，一个策略就达到了目的，其相应的手段、技巧不再继续有效，而必须探索新的策略。

（二）结构功能的整合性

教学过程是一个彼此相互联系、相互作用的整体，其中任何一个子过程都会牵涉其他过程。因此，在选择和制定教学策略时，必须统观教学的全过程，综合考虑其中的各要素。在此基础上，对教学进程和师生相互作用方式作全面的安排，并能在实施过程中及时地反馈、调整。也就是说，教学策略不是某一单方面的教学谋划或措施，而是某一范畴内具体教学方式、措施等的优化组合、合理构建、和谐协同。

（三）策略制定的可操作性

任何教学策略都是针对教学目标的每一具体要求制定的，具有与之相对应的方法、技术和实施程序，要转化为教师与学生的具体行动。这就要求教学策略必须是可操作的。没有可操作性的教学策略是没有实际价值的。任何教学策略都应该符合教学目标中的具体要求，具备相对应的方法、技巧。从这个角度来说，教学策略就是达到教学目标的具体实施计划或实施方案，并且可以转化为教师的外部动作，最终通过外部动作来达到教学目标。灵活性的教学策略不是万能的，不存在一个能适应任何情况的教学策略。同时，教学策略与教学问题之间的关系也不是绝对的对应关系。同一策略可以解决不同的问题，对不同的学习群体也会产生不同的教学效果。

（四）教学策略的调控性

由于教学活动元认知过程的参与，教学策略具有可调控的特性。元认知表现为主体能够根据活动的要求，选择适当的解决问题的方法，监控认知活动的进程，不断取得和分析反馈信息，及时调控自己的认知过程，维持和修正解决问题的方法和手段。教学活动的元认知就是教师对自身的教学活动的自觉意识和自觉调节，教师能够根据教学的进程以及对各种要素的反思，及时把握教学过程中的各种信息，及时反馈和调整教学的进程以及师生相互作用的方式，推进教学展开，向教学目标迈进。

（五）教学策略的全局性

教学策略要求我们首先应该树立一种教学的全局观，也就是说，我们在教学时应该充分考虑相关的因素，如教学对象、教学内容、教学环境、教学资源，甚至教师的能力和特点，并据此对教学程序和方法加以谋划。其次，还需要将各种教学程序和方法放在全局中加以认识和运用，关注其辩证性、综合性，避免单一地选择和运用，尤其应该注意一些互补性方法的运用。最后，还应该考虑具体教学目标的上位教育目标。制定和选择教学策略时，不应仅考虑特定技能的教学目标，而应考虑特定技能的教学对学生人格发展等方面的积极或者消极影响。

第二节　美术教学策略的制定

📋 学习任务

了解美术教学对象、教学内容、教学策略与建议、教学环境、教学主体等。

📋 学习目的、意义

通过学习本节的知识，了解美术教学对象、教学内容、教学策略与建议、教学环境、教学主体等。掌握美术教学策略的制定因素。

📋 学习内容

美术教学对象、教学内容、教学策略与建议、教学环境、教学主体等，美术教学策略的制定因素。

在制定教学策略时，影响教学策略最重要的因素是教学目标，教学目标与行为构成了师生活动最基本的维度。确定了教学目标以后，需要调动一切力量，采取全部措施去实现教学目标。以小学一年级美术教学为例，从"欣赏身边的美"到"表达自己的感受""改进生活用品""体验传统工艺"再到美术与其他形式及其他学科相结合的"参与造型游戏活动"，在目标维度上体现了在真实的生活情境中培养学生的欣赏、表达、创造等能力。

一、教学对象

通常，基础教育中的美术教学对象是年龄不等、个性不一、水平不同的中小学生，所有的美术教学活动都遵循艺术学习规律，体现学生身心发展的阶段性、连续性，促进他们在人格、心智、审美、知识、技能等方面的发展和提高。由于学生是丰富多样的个体，因此针对不同的学生群体和个体，需要采取不同的美术教学策略。高年级和低年级不同，有兴趣的和没有兴趣的不同，基础好的和基础差的不同。对于基础好的学生，教学策略应该体现为：帮助学生更好地积累和拓展美术知识与掌握美术技能，鼓励大胆创造，开发他们的创造能力等。对于基础较差的学生，在教学策略上应该降低学习要求，将复杂的学习任务分解为简单的部分，帮助学生树立学习的信心等。一般而言，美术学习方面采取的策略应该区别于其他学科，需要努力体现美术学习的个体特征、自由特征、创作特征、实践特征以及评价的多样性等。

二、教学内容

美术学科课程内容非常丰富，包括"欣赏·评述""造型·表现""设计·应用""综合·探索"4个艺术实践，涵盖16项具体学习内容，分学段设置不同的学习任务，并将学习内容嵌入学习任务中。

美术学科课程内容框架结构见图7-1。

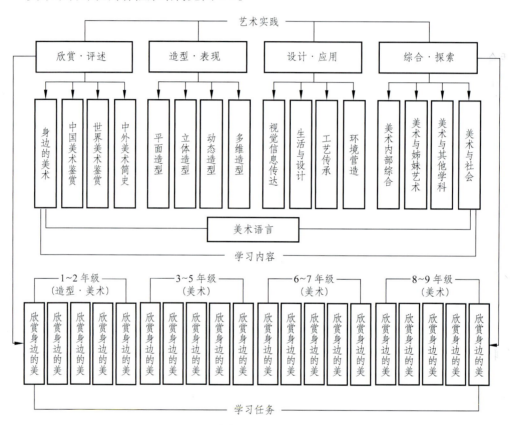

图 7-1　美术学科课程内容框架

通过"欣赏·评述"，学生学会解读美术作品，理解美术及其发展概况。通过"造型·表现"，学生掌握美术知识、技能和思维方式，围绕题材提炼主题，采用平面、立体或动态等多种表现形式表达思想和情感。通过"设计·应用"，学生结合生活和社会情境，运用设计与工艺的知识、技能和思维方式，开展基于问题的学习、基于项目的学习，进行传承和创造。通过"综合·探索"，学生将所掌握的美术知识、技能和思维方式，与自然、社会、科技、人文相结合，进行综合探索与学习迁移，提高核心素养。

每一学段均设置了5项学习任务，将美术语言（造型元素和形式原理）贯穿其中。5项学习任务既各有侧重，又相互联系。每一学段均以注重发展学生的审美感知和文化理解素养的"欣赏·评述"为起点，到强调发展学生艺术表现和创意实践素养的"造型·表现"和"设计·应用"，再到加强课程内容、社会生活与学生经验之间联系的"综合·探索"。

三、教学策略与建议

以小学 1 年级的教学内容为例，课程标准中提出"欣赏身边的美"的教学要求是：选择学校、社区等学生身边的环境，精选儿童美术作品与艺术家表现儿童生活、适合 1～2 年级学生欣赏的美术作品，引导学生理解"美存在于生活中"，初步形成审美感知能力。

"表达自己的感受"的要求是：采用启发和创作相结合的教学方式，指导学生使用不同的工具、材料和媒介，创作不同表现形式的美术作品，表达自己的想法；引导学生理解"美术学习始终要保持好奇心和想象力"。

"改进生活用品"的教学要求是：选择学生经常使用的生活用品，引发学生思考，提出改进的建议，进行装饰和美化；引导学生理解"设计改善我们的生活"，初步形成设计意识。

"体验传统工艺"的教学要求是：选择不同材质的工艺品，让学生体会各种材料的特性；通过欣赏和制作，引导学生理解"中国传统工艺是中华民族文化艺术的瑰宝"，增强中华民族自豪感。

"参与造型游戏活动"的教学要求是：体现综合性，加强与 1～2 年级学生生活经验的联系，指导学生进行造型表现活动，以舞蹈、戏剧、动画等形式进行展演，促使学生初步形成综合探索与学习迁移能力；注重引导学生理解"造型游戏活动能促进知识、技能的有效迁移"。

关于情境素材的建议。进行本学段教学时，教师要创设丰富多彩的教学情境，综合运用多种教学方法和形象直观的教学手段，结合 1～2 年级学生的生活经验，围绕本学段的学习任务，发掘与学生生活经验相关或学生感兴趣的情境素材，如"校园里的色彩故事""我的学习生活""巧用文具""非遗小传人""形与色的交响乐"等。

关于学习活动的建议。基于小学 1～2 年级学生的身心特点和学习能力，开展生活化、情境化、趣味化、综合化的"造型·美术"学习活动。

从以上教学活动策略及建议可以看出，新课标是从学生的核心素养出发，在真实的情境中设计教学活动，使学生能够积极地表达自己的思想，通过活动加强合作与交流。

四、教学环境

任何教学都是在一定的环境中进行的，美术教学也是如此。教学环境包括教学设备、工具、材料和空间的具体教学环境，也涉及领导支持、具有良好的美术教育社会氛围、各种教学资源丰富的大教学环境。教学环境不同，教学资源也不完全相同，因此可以采取不同的教学策略。以绘画学习为例，如果有专业美术教室，可以更多地采用以写生为主的教学策略；如果没有专业教室，或者教室里由于学生较多比较拥挤，则只能采取以临摹或想象为主的教学策略。如果是城市学校，美术教学的材料比较丰富，可以采取绘画、雕塑、设计或工艺等教学策略进行美术教学；如果是乡村学校，缺乏基本的绘画、雕塑材料，如纸张、颜料、胶泥等，可能只能采取特别的美术教学策略，如搜集乡土资源——草纸、石头、木头、泥土、稻草、秸秆、树叶、树皮等，对材料进行简单的加工，进行创意、制作等。

五、教学主体

新课标要求以教师为主体转向以学生为主体，教师是教学的组织者，要求课程教学努力构建平等、民主、和谐、共处、互动、合作、自主探究的课堂文化。教师主导课堂，探索小组合作学习、项目式学习、发现式教学等，创设真实的问题情境，思考知识与现实的衔接渠道，由知识传授转向问题趋动，在应用生活经验的基础上又不断通过思考打破已有的生活认识，解决现实中的问题。在解决问题的过程中，学生通过操作、合作探究，不但可以发现规律，还能产生多种解决问题的策略，结合生活实际表达自己的看法。如此一来，教师的角色发生了转变，教师的教学观念也进行了更新。

第三节　美术教学方法

📋 学习任务

了解美术教学方法及其实施等。

📋 学习目的、意义

通过学习本节的知识，了解美术教学方法及其种类，掌握美术教学方法的运用。

美术教学方法与教学策略。

一、美术教学方法概述

美术教学方法，是教师和学生为了完成美术学科教学任务、实现教学目标，于教学过程中采用的相互作用的一系列活动方式的总称。教学方法对实现教学目标有重要作用，好的教学方法能有效地提高学生的学习效果。而且，教学方法不仅关系到学生学习质量的高低和美术能力提高的快慢，还关系到学生人格的成长。所以，教师对教学方法的研究极为重视，教学方法是美术学科教育学必须研究的内容。

教学方法是教学过程中教师的"教"与学生的"学"二者双向活动的体现，不仅包括教师的教授方法，还包括学生的学习方法，是教学运动过程中教法与学法的统一体。教师的讲授、演示、提问等教法，决定了学生聆听、观摩、思考、回答等学法。学生的观察、临摹、写生或操作练习，又决定了教师的指导、启发等教法。学生"学"有问题或遇到难点，教师就要为之再讲授和再示范，或变换教法予以解决。学生的"学"存在的问题如果没有得到解决，教师必然要考虑自己"教"的方式方法是否正确，同时也要考虑学生"学"的方式方法是否存在问题。所以，教法与学法是相互制约、相互联系、相互作用的关系。

美术教学方法是由一系列活动方式方法构成的，而这一系列活动方式方法在教学中是相互交织运用的。教学方法是教学重要的基本要素，是教材编制完成之后、教学实施之前必须考虑的重要问题，是教学实施过程整体结构中的重要组成部分，又是教学过程中随着教学进展灵活采用的方式方法。教学方法关系到整个教学效果，所以是完成教学任务的关键。优秀教师的教学效果之所以好，既是因为其自身的学识修养和对教育工作的热爱，在很大程度上也是因为其对教学方法进行了钻研，在教学过程中能科学地选择和灵活地运用教学方法。相反，如果教师在教学过程中对教学方法运用不当，则会加大学生的学习负担，教学效果就不好。所以，教师必须重视对教学方法的研究，尤其是初任教师，更应向老教师学习教学方法。

教学方法是教师对教学认识与实践经验总结的产物。人对事物的认识是一个由低级向高级、由简单到复杂、由有限到无限的认识过程，对教学方法的认识也是这样。对教学方法的认识，不仅受经济、科学、技术的影响，而且受教育心理学理论基础研究水平的影响，还受教学目的、教学内容、教学设备条件和教育观念等的影响。教学方法是随着教学内外部条件的发展而发展的，一旦形成之后，便具有相对的独立性，成为提高教学质量、完成教学任务、达到教育目标的重要因素。教学方法是随着人们的认识不断深化的，所以总结出的教学方法不能说是绝对科学、正确的，需要后人不断发展完善。优秀教师正是在掌握和熟练运用前人教学方法的基础上，不断改进并总结自己的教学方法，使教学进入既有法又无法的教学艺术境界。这与艺术创作"有法无定法"是同理的。[1]

根据《义务教育艺术课程标准（2022 年版）》对学生培养目标以及课程实施的教学建议，艺术教学要以立德树人为根本任务，以核心素养为导向，教师要深入理解艺术课程的性质、理念、目标、内容、学业质量，充分考虑学生身心发展特点、个性特点和学习经验，设计并实施教学。当下，根据新课标不同的分类标准出现了"大观念导向的教学方法""任务驱动式教学法""主题单元式教学方法""项目式教学方法""跨学科教学方法""DUK 教学方法"等教学方法。

二、大观念导向的教学方法

（一）大观念导向教学的含义

大观念（Big Ideas），也称为大概念或大观念导向，其内涵丰富且深刻，是教育领域中一个重要的概念。大观念导向教学，作为一种新兴的教育理念与教学模式，核心在于将学习聚焦于那些具有统摄性、迁移性和持久影响力的大概念或核心观念，是在素养导向的背景下开展的，基于真实解决现实中的问题，将书本知识与现实世界的问题相贯通，具有"超越学校价值"的知识成果。这些大观念不仅跨越了具体的知识点，还连接了不同学科领域，为学生提供了一个更为宽广、深刻的理解框架。在这种教学模式下，教师不再是简单地传授知识碎片，而是引导学生通过探索、发现、理解和应用这些大观念，构建自己的知识体系，培养高阶思维能力，如批判性思维、创新能力和问题解决能力等。

大观念在学科教育领域中具有极其重要的地位，是一个学科（课程）知识内容体系中最有解释力、统整力和渗透力的知识。大观念内含学科思想、学科方法和学科思维，是核心素养在学科中的具体体现。

具体而言，大观念导向教学强调以下四点。

（1）整合性。将零散的知识点整合到更大的概念框架中，帮助学生看到知识之间的联系与结构。

（2）深度学习。使学生获得成为一个具有创造力的、与人关联的、参与合作的终身问题解决者的能力。鼓励学生深入探究大观念背后的原理、逻辑和意义，而非仅仅记忆表面信息，使学生获得如下素养：一是具备专家思维能力，鼓励学生像专家一样思考，而不是记住专家的结论；二是复杂的交往合作的能力。简而言之，深度学习（真

---

[1] 常锐伦. 美术学科教育学[M]. 北京：首都师范大学出版社，2013:290-291.

实性学习）就是为了未来学生能解决真实情境中的问题，因此，要在真实中学或者向真实学习。

（3）情境应用。通过真实或模拟的情境，让学生在实践中应用大观念，增强学习的实用性和有效性。

（4）自我导向学习。培养学生的自主学习能力，使他们能够主动探索、质疑和反思，成为终身学习者。

（二）大观念导向教学的优势

1. 理解大观念能够体现核心素养本位教学的本质

大观念在学科课程中是用于理解与解决问题的，它所承载的是学科教学中提出的思想与观点，体现了课程教学中所要涵盖的核心素养。核心素养的本质是学会运用个人和社会资源解决问题，在教学中需要理解优先，通过对大观念的理解将事实性知识上升到观念和概念的层面，进而概括和归纳，并运用到解决问题的过程中。

2. 提炼大观念能够贴合核心素养本位教学的问题情境化

情境式教学，可以让学生将知识技能与生活实际相联系，从而实现核心素养能力的培养与发展。大观念是对课程知识与技能的总体概括，是课程设计中的核心观念。大观念导向的教学使知识与技能变得有意义，方便学生在情境中运用知识与技能，进而形成发现问题、提出问题并解决问题的素养或能力。

3. 设计大观念能够实现核心素养本位教学的学习迁移性

依托情境式教学，可以让学生在掌握知识与技能的过程中实现学习迁移，能够根据课程中所设置的活动，思考、理解大观念课程所传递的思想理念。

4. 运用大观念能够组织核心素养本位教学的"基本问题"与"小问题"

威金斯提出，基本问题是通向理解之门的，不仅能够促进学生对某一特定主题单元内容的理解，还能激发学生实现知识的联系和迁移。在课程教学中设置活动，实现"做中学"，提出有效问题，能够帮助学生理解与运用大观念。同样，理解大观念，也需要基于课程教学中对基本问题的设计与探究。

（三）大概念导向教学的基本模式

大概念导向教学的基本模式如图 7-2 所示。

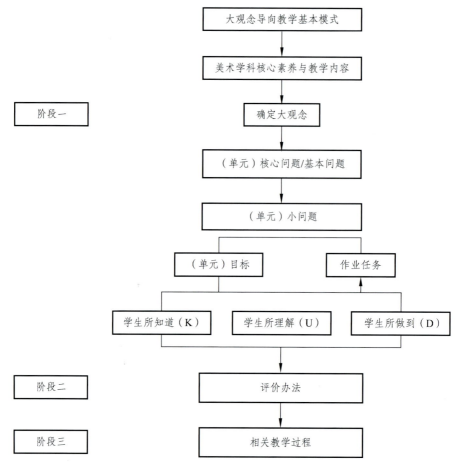

图 7-2　大概念导向教学的基本模式

（四）大概念导向美术教学的参考样本

大概念导向美术教学的参考样本如表 7–1 所示。

表 7-1　单元课程教学设计（大观念）

单元课程教学设计（大观念）			
单元课题	古韵悠长——中国古代建筑的审美与文化内涵	授课年级	7年级
单元学习目标			
审美感知	学生能够留心观察古建筑雕塑艺术与绘画艺术，了解古建筑中雕塑艺术不同类型、作用及彩绘艺术的类型与作用，了解斗拱与榫卯结构的原理和特点		
艺术表现	学生能够运用建筑彩绘和美术语言创造视觉形象，表达自己的思想与情感，联系现实生活，解决生活中的现实问题		
创意实践	学生能够根据现代生活审美特点实现对非物质文化遗产形象的创造性转化，跨学科综合运用，解决真实情境中的问题		
文化理解	了解太和殿屋脊兽的数量、顺序和寓意，能够理解古建筑中的雕刻与彩画装饰表达古人的审美理想，能够自信表达阐述雕梁画柱体现的人文精神		
艺术实践活动			
● 欣赏·评述　● 造型·表现 ● 设计·应用　● 综合·探索			
大观念			
古代建筑承载了人的精神寄托			
基本问题	小问题		
万物皆有灵，灵魂真的存在吗？	（1）如何看待灵魂，对你来说，以何载体寄托精神？ （2）古人有精神家园吗？ （3）为灵魂赋予造型载体，你会以何载体寄托？		
生命态度，如何以待？	（1）历经千年的古建筑是否还是曾经的模样？ （2）科技当先，古建筑如何实现现代转译？ （3）如何延续古建筑的生命力？ （4）屋脊兽如何寄托人的精神？		
古代建筑如何焕发新生？	（1）脱离大树"生长"的木头也有生命吗？ （2）中国古代榫卯建筑为什么可以历千年而不毁？		
学生所知道	学生所理解		学生所做到
（1）能分别列举三种以上经典建筑中"雕梁"与"画栋"的表现形式？ （2）了解太和殿屋脊兽的名称、形象、寓意。并能列举三种以上其他瑞兽。 （3）了解榫卯在古建筑中的重要作用，说出三种以上古建筑常见屋顶的名称及特征	（1）能根据本单元所学知识理解古建筑中的绘画美与雕塑美？ （2）能通过对传统瑞兽的创作实践感受其背后的吉祥寓意。 （3）能从古建筑模型制作中认识榫卯结构和屋顶类型，感受古人营造建筑的智慧		（1）运用泥板或石膏板雕刻传统建筑中的浮雕装饰。 （2）能掌握陶泥捏塑工艺，生动形象地制作出自己喜爱的瑞兽造型。 （3）能运用泥板成型工艺或纸艺等形式制作出自己身边的古建筑模型
单元作业			
用陶艺制作一件瑞兽形象，并写一份作品说明			

单元课题							
课时	第一课时		第二课时		第三课时		第四课时
课时主题	生命与死亡（生命意识）		生命与态度（珍惜生命）		生命与责任（慎终追远）		生命与理想（追求不朽）
设计意图	理解古代建筑生命意涵及装饰寓意		屋脊兽造型分析，设计瑞兽形象		古建筑与现代建筑对比，思考如何现代转译，赋予新生命		理解榫卯文化，运用力学知识，进行现代建筑设计
培养目标	审美感知	★★★★☆	审美感知	★★★★☆	审美感知	★★★★☆	审美感知	★★★☆☆
	艺术表现	★★★☆☆	艺术表现	★★★★☆	艺术表现	★★★★☆	艺术表现	★★★☆☆
	创意实践	★★☆☆☆	创意实践	★★★☆☆	创意实践	★★★★★	创意实践	★★★★★
	文化理解	★★★★★	文化理解	★★★★★	文化理解	★★★★☆	文化理解	★★★★★

教学设计
艺术实践活动
● 欣赏·评述　　● 造型·表现 ● 设计·应用　　● 综合·探索
阶段一：明确预期学习结果
大观念
古代建筑反映人类的精神寄托

基本问题	小问题
生命态度，如何以待？	（1）一夕恍如，历经千年的古建筑是否还是曾经的模样？ （2）科技当先，古建筑如何实现现代转译？ （3）如何延续古建筑的生命力？ （4）屋脊兽如何寄托人的精神？

学生所知道	学生所理解	学生所做到
古代建筑对比现在建筑的造型及材料、技术变化	随着信息科技的发展，古代建筑的审美意趣变化，多元化的审美及精神寄托对古代建筑的影响	尝试设计瑞兽造型
古代建筑装饰寓意及表现特点	古代建筑装饰寓意	分享提取古代建筑装饰色彩
中国古代建筑是人类的精神家园，是中国传统艺术的表现形式之一	寻找中国古代建筑装饰中蕴藏的审美追求与文化内涵	尝试设计制作古建筑模型，通过文物修复、陶艺制作、建筑模型等使古建筑焕发新生

	阶段二：确定恰当的评估方法		
	（1）作业任务：介绍本节课设计制作屋脊兽的活动内容、学习任务单及评分指标。 （2）随堂问答：针对课程问题链，设置问答竞赛，课后归入评分系统。 （3）活动评价：对课程中的古建筑修复、屋脊兽设计等课堂活动进行即时评价反馈，呈现在学习任务单之中		
	阶段三：规划相关教学过程		
	要解决的问题 （问题情境设置，明确问题）	学习要点 （选择并获取知识和技能，按照一定的程序解决问题）	设计意图 （为什么如此设计学情，目标是什么）
阶段一	设置一个现实生活情境，提出问题：一夕恍如，历经千年的古建筑是否还是曾经的模样？	开放性问题，引入生命主题，思考对待生命的态度问题	教学内容更加贴近学生生活实际，拉近学生与问题之间的距离，激发学习兴趣
阶段二	科技当先，古建筑如何现代转译？	对比过去的古建筑，感受古建筑现代审美特点的变化	有趣的问题可以引发学生的思考
阶段三	如何延续古建筑的生命力？	中国古代建筑雕梁画栋蕴含中国人的审美追求，现代建筑如何赋予其精神内涵？	层层递进，问题链贯穿古代建筑其精神寄托的变化
阶段四	屋脊兽如何寄托人的精神？	屋脊兽与彩绘赋予的精神文化内涵	提取关键词能够使学生快速理解后续知识重点

（五）大观念教学参考案例《绿色生活——我们在行动》[1]

如表 7-2 所示。

表 7-2　基于大概念的初中美术教学《绿色生活—我们在行动》单元课程目标

基于大概念的初中美术教学《绿色生活——我们在行动》单元课程目标	
大概念	关注社会环境，用多种美术媒材进行宣传公益理念
核心目标	了解美术作品是如何参与并影响社会环境生活的，用不同美术创作的形式来宣传公益活动
基本问题	1．怎样发现身边环境之美？ 2．社会上有哪些环境问题？

---

① 毛寅. 基于大概念的初中美术教学设计研究[D]. 扬州大学，2023:29-47.

基于大概念的初中美术教学《绿色生活——我们在行动》单元课程目标			
基本问题	3．为什么要关注这些问题？ 4．哪些美术形式可以用来呼吁人们关注环境问题？ 5．如何用美术形式来传达设计理念？ 5．设计不同的表达形式有哪些？ 6．设计形式美法则要注意什么？ 7．如何开展公益活动宣传？		
单元活动规划、主题	第一单元 环境问题，我了解	第二单元 环境问题，我表现	第三单元 环境问题，我行动
教学目标	1．学生通过美术表现了解当今的一些环境问题及产生原因，学会认识和体会图像识读的途径与方法。 2．带着对不同的美术表现的感悟和理解进行讨论和描述，感受其想要表达的寓意。 3．学生更关注于环境问题	1．了解公益招贴设计的种类、表现方式及其社会功能和意义。 2．初步掌握公益招贴设计的创作方法。 3．加强学生对人类生存与发展的思考，树立公民责任感	1．学习进行艺术创作，构思转化为真实美术作品。 2．通过展示宣传，体会艺术创作全过程。 3．培养集体荣誉感，进一步提升综合探索能力
单元对应核心素养	图像识读、审美判断、文化理解	图像识读、审美判断、美术表现	美术表现、创意实践

针对三个单元，细化每个单元的单元问题和小问题（见表7-3）。

表7-3　三个单元的单项问题与小问题

单元课题	单元问题	单元子课题	单元小问题
环境问题，我了解	观察身边的环境问题，思考所造成的原因以及如何处理	发现环境之美	1．怎样发现身边环境之美？ 2．怎样展现出环境之美？
		探寻环境问题	
环境问题，我表现	如何利用不同艺术形式呈现我们对环境问题的思考？	招贴设计	1．哪些美术形式可以用来呼吁人们关注环境问题？ 2．招贴设计有哪些要素？
		设计延伸	1．如何用美术形式来传达设计理念？ 2．设计不同的表达形式有哪些？ 3．设计形式美法则要注意什么？
环境问题，我行动	用不同美术创作的形式来宣传公益活动	制订方案	1．展示的流程是什么？ 2．宣传展示设计需要制作什么？
		宣传展示	如何开展公益活动宣传？

第一课时：理清教学过程，构建大概念

教学过程阶段一：问题引入（见表7-4）

表 7-4 问题引入

课题	第一课时：发现环境之美		
教学目标	知识与技能：了解风景摄影相关知识，学习并利用摄影照片宣传保护环境概念。 过程与方法：能拍出构图独特、主题突出的美丽景色。 情感态度与价值观：感受摄影的美丽，发现身边自然之美，激发对自然环境与社会的热爱之情		
教学重点	学习风景摄影的取景和构图方法		
教学难点	能拍出构图独特、主题突出的景色		
课前准备	课件，相机，微课		
教学过程			
环节与环节目标	材料与任务	学生活动	设计意图
一、谈话导入	1．教师询问学生："有没有去过环境特别优美的地方，那边有什么特别的景色？" 2．罗丹说："生活中不缺少美，而是缺少发现美的眼睛"，从而引出课题《发现环境之美》	学生回答去过哪些地方	将学生自身的经历导入课堂中，增加兴趣
二、欣赏探究	1．教师出示不同风景的照片，让同学观察每张照片的主体在哪里。 2．教师介绍不同的构图形式：中心构图，斜角构图，九宫格构图	学生回答照片中主体的位置：有居中的，斜对角的，偏左或者偏右的	学生自己观察体会拍摄时主体在画面中位置不同，产生的效果也不同
三、"视高""三景"讲解	1．教师出示同一个风景用不同视角拍摄的照片，学生分析讨论不同视角所看到的感受。 2．教师让学生用相机或者手机拉近拉远体验拍摄景物的不同。 3．教师示范近景中景远景的不同，学生谈论感受	1．学生：仰视感觉画面很伟岸，平视有种身临其境的感觉，俯视的视角很宽广。 2．学生体验。 3．生："近景是清晰的，中景稍显模糊，远景的景物没有什么立体感"	学生通过拿相机尝试体验视角，教师引导从而解决教学重点问题
四、布置作业	学生发现生活中好看的风景并进行拍摄	学生完成摄影作业	作业灵活，给予学生充分的发挥
五、课后拓展	教师出示环境污染前后的照片，提示学生要保护环境	学生了解环保的意义	为下节课做铺垫

评价量规见表7-5。

表 7-5　评价量规

评价项目	评价标准	学生自评	同学评价	教师评价
发现环境之美	★★★ 照片景色构图独特，主题突出			
	★★ 照片景色构图合理，有主题			
	★ 照片景色构图不合理，主题不突出			

第二课时：问题分析
教学过程阶段二：问题分析（见表 7-6）

表 7-6　问题分析

课题	第二课时：探寻环境问题		
教学目标	知识与技能：初步了解当今有哪些环境问题。 过程与方法：通过合作探究了解问题出现的原因与不治理的后果，学会用思维导图的形式探知与环境相关的问题。 情感态度与价值观：进行保护环境的教育，唤起学生关注环境问题		
教学重点	初步了解当今有哪些环境问题，出现的原因与不治理的后果		
教学难点	选择一个环境问题绘制思维导图		
课前准备	PPT，练习纸		
教学过程			
环节与环节目标	材料与任务	学生活动	设计意图
一、视频导入	1. 播放环保纪录片《The Earth》片段，让学生在观赏过程中感性认知地球所面临的困境。说一说自己的看法。 2. 出示课题《探寻环境问题》	学生观看视频，对视频中的现象进行反思	通过信息收集，掌握基础知识，让学生对课程的深度探究发生更多的可能性
二、深入思考	1. 教师提问："环境上还有哪些需要注意的环境问题？" 2. 教师提问："为什么会出现这样的问题？我们需要怎么做？"	1. 学生讨论回答："空气污染，垃圾分类，水污染……" 2. 学生选择一个环境问题进行分析	关注当今社会环境问题，引导学生自主探索。整合自然科学与美术学科的知识，理解人类行为与环境的关系

课题	第二课时：探寻环境问题		
三、明确概念	1. 教师活动：出示不同思维导图设计的图片。提问该从哪些角度设计思维导图。 2. 布置任务：请同学们根据所学知识，将与水有关的信息整理并整合一个完整的思维导图，要求信息准确、支系分明、色彩搭配美观	1. 学生明确思维导图绘制步骤：确定主题，观察信息之间的联系和分类，找关键词，整合信息。 2. 学生以小组的形式选择一个要讨论的环境问题，进行发散思维，绘制不同的思维导图	通过欣赏思维导图，寻找构成的5大要素：主题文字、主题图、关键词、分支、关联线
四、作业评价	教师活动：欣赏同组学生作品，从准确性、可读性和艺术性三个方面推选"优秀作品"和"最佳创意"作品进行展示	学生活动：由组长组织选择和展示的作品，由作者阐述入选理由和创作感言	通过作品展示，学生直观地开展自评与互评活动，能够更好地抓住作品的优缺点，让学生更好地感受，巩固课程的教学难点知识
五、拓展思考	1. 教师活动：水资源已面临严峻的问题，我们该做些什么？通过哪些渠道宣传？ 2. 教师活动：21世纪我们进入了读图时代，除了思维导图能用视觉梳理信息进行视觉传达，我们还能用其他形式表达节水、爱水、保护环境、约束自我行为	学生活动：呼吁相关部门的关注，通过公共媒体传播、纪实电影宣传、微信发朋友圈等方式	让学生体会到思维导图的宣传作用，结合科学、社会热点话题进行讨论，学会在生活实践中自觉地运用艺术的方式宣传和保护环境

评价量规如表7-7所示。

表7-7 评价量规

评价项目	评价标准	学生自评	同学评价	教师评价
探寻环境问题	★★★ 思维导图制作完善有创新，绘制精美，色彩搭配美观			
	★★ 思维导图制作完整，创新性一般，绘制时考虑到色彩搭配			
	思维导图制作不完整没有创新，绘制粗糙，色彩搭配不美观			

第三课时：问题解决

教学过程阶段三：问题解决（见表7-8）

表 7-8 问题解决

课题	第三课时：招贴设计		
教学目标	知识与技能：通过对不同形式的公益招贴的欣赏，认识公益招贴的种类、表达方式、社会作用与意义。 过程与方法：对当前的环境问题进行细致的观察和思考，掌握招贴的设计方法。 情感态度与价值观：加深对我们目前环境问题的思考和认识，树立公民责任感		
教学重点	欣赏各种类型的公益招贴画，找出其独创性和不同表现手法		
教学难点	自选环境主题，设计出主题明确、富有创意的公益海报作品		
课前准备	练习纸		
教学过程			
环节与环节目标	材料与任务	学生活动	设计意图
一、图片导入	1．教师活动：出示同一个地点污染前和污染后的照片，让学生在观赏过程中，感知目前我们所面临的环境问题。 2．教师小结并结题：让我们从力所能及的事情做起	学生活动：观看照片，获得对环境的认知、情感体验	照片真实直观，富有视觉冲击力，信息增强了说服力和危机感
二、深入教学	1．教师活动：大家在生活中见过哪些美术形式可以用来呼吁人们关注环境问题？ 2．教师活动：出示海报招贴设计作品引导学生欣赏。 3．教师活动：以一张海报为例，引导学生思考公益设计的结构要素有哪些？ 4．教师小结：小结海报结构要素由具有视觉冲击力的主图（可以是绘画或摄影作品）、表达主题的文字（简洁明了，含有寓意），与主图相关的文字组成，与主图相辅相成，起点睛作用	1．学生活动：思考回答所见的不同美术形式作品。 2．学生活动：欣赏招贴。 3．学生活动：了解什么是公益海报以及公益海报的社会功能。 4．学生活动：结合海报作品，思考海报的结构要素	从初次解析公益招贴作品，目的是唤醒学生内在的求知欲和探究心。在交流讨论过程中逐步理解公益招贴的设计内涵和构成要素，提升对公益招贴所蕴含的社会功能的深层认识

课题	第三课时：招贴设计		
三、课内拓展	1. 教师活动：引导学生思考，我们设计防疫海报可以从哪些角度切入？（选题） 2. 教师活动：结合海报实例展示抗疫海报的不同切入点：宣传环保知识、歌颂环保卫士、凝聚民心等等，拓宽学生思路。 3. 教师活动：引导学生思考如何使作品更有创意，结合海报实例讲解海报创意设计方法	1. 学生活动：根据教师提示，思考海报的切入点。 2. 学生活动：欣赏富有创意的海报设计。 3. 学生活动：思考创意设计海报	拓宽学生的创作思路，让学会聚焦招贴设计的难点之处，帮助学生巩固所学知识的同时，强化招贴设计各要素之间的整体关系
四、布置作业	1. 教师活动：根据之前选定的主题，拟定海报主题文字，并进行海报主题图形的构思创意，以徒手画的形式，画出海报主题图形的草图。 要求：主题明确、文字凝练、主体图形能紧扣主题，并且有一定的创意	学生活动：动手实践，完成课堂练习	不同层次的学生按照自己的兴趣和能力水平进行选择，避免出现单一流水作业，为学生们的创意发挥提供更宽广的空间

评价量规见表 7-9。

表 7-9　评价量规

评价项目	评价标准	学生自评	同学评价	教师评价
招贴设计	★★★ 主题明确、文字凝练、图案能紧扣主题，并且有一定的创意			
	★★ 能看出主题、文字简洁、图案有一定切题，有一些创意			
	主题不明确，文字烦琐，图案不切题，创意大众化			

第四课时：设计延伸

要求：主题明确、构图合理、色调表达符合主题要求，色彩搭配整体协调（见表 7-10）。

表 7-10　设计延伸

课题	第四课时：设计延伸		
教学目标	知识与技能：欣赏不同类型的公益作品，了解不同公益主题设计的种类、表现方式以及社会功能和意义。 过程与方法：掌握不同公益作品的设计方法。 情感态度与价值观：认识与反思社会环境问题，要有强烈的社会责任感		
教学重点	欣赏不同公益设计类作品，了解形式与设计手法		
教学难点	自选环境主题，设计出主题明确、富有创意的不同类型公益作品		
课前准备	课件，练习纸，绘画工具		
教学过程			
环节与环节目标	材料与任务	学生活动	设计意图
一、复习旧知，导入新课	1. 教师活动：回顾前一节课关于公益海报的概念、功能以及构成要素等基础内容。 2. 教师活动：那么除了海报的展示方式以外，我们还可以用哪些不同的美术形式进行宣传呢？	1. 学生活动：跟随PPT 和老师的讲解一起回顾。 2. 学生讨论并回答问题："漫画，雕塑，摄影……"	通过复习将学生快速带入学习情境
二、深入教学	1. 教师活动：展示纪实性摄影作品、希望工程系列摄影作品、雕塑作品《和平》、版画《古树案—天目山古树被盗伐纪实》和邮票设计。 2. 教师活动：让学生思考这些作品主要通过什么形式和手法来传达它们的主题和意义	1. 学生欣赏不同作品。 2. 学生活动：讨论后回答问题。虽然作品形式不同但是都承载着人类美好的愿望和憧憬	通过多主题形式来呈现公益作品的不同表达方式，拓展思维广度，让他们学会立体、全面地审视当下的社会，唤醒学生内心的责任感与参与意识
三、课内拓展	1. 教师活动：出示不同色调的海报，请同学们感受不同色调营造的不同氛围。 2. 学生活动：欣赏感受，体会色彩的象征意义和心理学意义。 3. 教师活动：分享一组海报，请同学们体会海报色彩搭配的特点 4. 学生活动：欣赏并学习海报的色彩搭配方法。 5. 教师活动：小结色彩基础知识和常见搭配方法，提示海报色彩搭配的要点	1. 学生活动：根据教师提示，思考海报的切入点。 2. 学生活动：欣赏富有创意的海报设计。 3. 学生活动：思考创意设计海报	感受不同颜色带来的不同视觉感受，提升学生色彩感知力，大胆尝试不同海报配色
四、布置作业	教师活动：根据上节课完成的公益作品创意，选择合适的工具材料，采用自己擅长的绘画方法，小组完成一系列跟环境主题有关的公益作品	学生活动：动手实践，完成课堂练习	布置分层作业，让学生选择自己喜欢的形式，范围扩大化

评价量规如表 7-11 所示。

表 7-11　评价量规

评价项目	评价标准	学生自评	同学评价	教师评价
设计延伸	★★★ 主题明确、文字凝练、图案能紧扣主题，并且有一定的创意			
	★★ 主题明确、文字凝练、图案能紧扣主题，并且有一定的创意			
	能看出主题、文字简洁、图案有主题，有一定创意			

教学过程阶段四：成果展示

通过整合不同的环保作品，本单元学习最后环节要求学生学会迁移，通过迁移将之前所学知识串联起来，并运用到当下生活之中。在教学过程中，教师应转变教学中的单一讲评环节，利用作品宣传展览的方式求同存异，拓宽学生的知识面，分析并体现每个作品的价值，使作品能联系生活，具有深刻意义（见表 7-12）。

第五课时：制订方案，如表 7-12 所示。

表 7-12　制订展示方案

课题	第五课时：制订方案		
教学目标	知识与技能：在赏析中了解展示设计的设计元素和基本特点。 过程与方法：尝试根据主题绘制展示草图。 情感态度与价值观：加深对展示设计的运用和理解，激发对宣传的兴趣		
教学重点	了解展示设计的基本特点和设计类型		
教学难点	尝试根据主题绘制展示草图		
课前准备	课件，练习纸，上色工具		
教学过程			
环节与环节目标	材料与任务	学生活动	设计意图
一、问题导入	1. 教师提问：6 月 5 日世界环保日即将到来，学校将组织一次环保展，你们将怎么布置？ 2. 教师总结：其实布置一个展，需要考虑很多方面问题，如海报的制作与张贴展板的制作等。这一系列问题都需要思考。思考的过程其实就是一种设计，也是我们今天美术课所要学习的	学生活动：思考场地布置需要准备的材料	开放式问答，调动学生的积极性

课题	第五课时：制订方案		
二、初步了解	1. 教师活动：首先来欣赏不同的展示设计的场景图片。仔细观察，该照片展示设计包含哪些设计？ 2. 师生总结：在展示案例中，我们可以知道展示设计是集多种设计于展示设计的一大特点：综合性。 3. 教师提问：展示设计是具有主题性的综合艺术革美性艺术是不是所有的展示设计都能够让人怦然心动、过目不忘呢？展示设计的场景照片，你会喜欢哪个设计？为什么？	1. 学生活动：观察展示场景中包含哪些元素。字体设计、广告设计、展台设计、照明设计…… 2. 学生回答：展示设计是集多种设计于一体的综合性艺术。 3. 学生回答：文字图像，形态、色彩、照明，这些正是展示设计的设计元们感官，给观众留下了深刻的印象	通过对几种公益活动方式的分析与演示，学生进一步体会公益活动的基本过程与形式方法，提高社会实践能力
三、欣赏思考	1. 教师提问：我们举办的环保展属于什么类型的展览？在设计的时候需要注意些什么？ 2. 教师活动：出示不同国家环保展览的图片	1. 学生回答：环保展属于小型宣传式展览，需要设计邀请函、海报。 2. 学生活动：欣赏图片	启发学生思维，拓展学生的思维广度
四、布置作业	教师活动：以小组为单位，自行分工，根据不同选题设计"展览现场"提示，设计要围绕展示设计的三个特点入手	学生活动：绘制展览草图	将审美知识与创造能力相结合，锻炼学生的实践应用能力
五、展示点评	教师活动：教师展示小组作业，并点评	学生活动：讨论并点评不同作业	肯定、鼓励学生的付出，为日后开展公益实践活动打下基础

评价量规如表 7–13 所示。

表 7-13 评价量规

评价项目	评价标准	学生自评	同学评价	教师评价
制定方案	★★★ 展览设计主题明确、内容丰富全面、排版清晰，并且有一定的创意			
	★★ 展览设计能看出主题、有一定内容、排版，有一些创意			
	★ 展览设计主题不太明确、内容不多、排版无序，没有新颖创意			

第六课时：宣传展示，如表 7-14 所示。

表 7-14　宣传展示

课题	第六课时：宣传展示		
教学目标	知识与技能：掌握环境设计理论知识，将展示草图转化为实践。 过程与方法：学生合作完成布置场地与实践宣传。 情感态度与价值观：通过宣传展示提升学生组织能力和表达能力，加强环境保护意识，树立正确观念		
教学重点	掌握环境设计理论知识，将展示草图转化为实践		
教学难点	学生合作完成布置场地与实践宣传		
课前准备	练习纸		
教学过程			
环节与环节目标	材料与任务	学生活动	设计意图
一、策划布展	1. 教师提问：如何将草图转化成实际的展览场景。 2. 教师巡视学生完成策划	学生策划：收集作品，整理作品，筹划装饰作品	展览对于学生具有一定的难度与挑战，激发学生学习的激情与想法
二、布置展览	教师巡视并提出建议	学生布置展览	提升小组合作和动手能力
三、组织参观	教师巡视	学生进行宣传介绍小组的展示	小组分工，提升学生表达介绍能力
四、回顾反思	教师活动：组织学生对活动进行整理和评价反思	学生回顾作业进行整理、评价和反思	对个人，小组进行合理评价

评价量规如表 7-15 所示。

表 7-15　评价量规

评价项目	评价标准	学生自评	同学评价	教师评价
宣传展示	★★★ 展览主题明确，完整性较好，和谐统一			
	★★ 展览设计能看出主题，完整性一般，较为统一			
	展览设计主题不太明确、完整性不高，杂乱无章			

大概念评价体系（学生自评、互评、教师评价与社会评价）。

学生自评，见表 7-16。

表 7-16 学生自评

评价维度		评价内容	分值/分			
知识	美术知识	了解摄影，招贴设计，宣传展示等知识	5	3	2	1
技能	艺术实践	作品的制作精美，排版合理，色彩搭配和谐	5	3	2	1
合作	合作分工	能积极参与小组分工，并按要求完成规定的任务	5	3	2	1
	交流互助	能主动参与交流合作，待人热情，乐于帮助同学解决实践问题	5	3	2	1
情感	情感态度	对实践有兴趣有好奇心，能始终投入实践中，主动做事主动思考	5	3	2	1
	价值观	意识到保护环境的重要性，树立正确价值观	5	3	2	1
个人表现得分/分						

学生互评，见表 7-17。

表 7-17 学生互评

评价对象	评价维度	评价内容	分值/分			
小组建设过程	小组建设	全员参与，队长有序组织，要求有组名、小组宣言、小组分工、小组约章等小组文化	5	3	2	1
知识与技能学习过程	学习汇报表现	汇报内容翔实，符合主题，对项目有较大帮助，汇报者思路清晰，表达流畅	5	3	2	1
	艺术活动方法交流	全组成员有序参与讨论交流，每个小组至少提出一种有效的方法，并跟大家分享	5	3	2	1
任务设计过程	设计展示与交流	作品设计交流环节能完整清晰地表达小组的设计思路，且能说明用到的知识和技能	5	3	2	1
	设计修正	经过点评后，小组对设计或探究方案有一定的改进	5	3	2	1
任务表现过程	学科知识	有如何运用知识或技能进行表现的表达	10	7	5	2
	语言仪态	表达流畅，逻辑清晰，有吸引力，仪态端庄	5	3	2	1
小组过程表现得分/分						

教师与参与者评价

教师根据学生自评、学生互评、家长评价、社会人士评价，结合学生的表现给出客观的评价。除了关注学生的课堂作业外，还要注意学生是否主动参与了活动，如态度、积极性、参与度等。同时，评价标准涵盖德、智、体、美、劳各方面。评价不再只是教师的事，学生、家长、社会人士等都是评价者。

三、任务驱动式教学法

（一）任务驱动式教学法的含义

所谓"任务驱动式"教学法，是指在学习信息技术的过程中，学生在教师的帮助下，紧紧围绕一个共同的任务活动中心，在强烈的问题动机的驱动下，通过对学习资源的积极主动应用，自主探索、互动协作，在完成既定任务的同时，引导学生进行学习实践活动。"任务驱动"是一种建立在建构主义教学理论基础上的教学法。要求"任务"具备目标性，创建教学情境并使学生带着真实的任务在探索中学习。在这个过程中，学生会不断地获得成就感，激发求知欲望，其逐步形成一个感知心智活动的良性循环，从而培养其独立探索、勇于开拓进取的自学能力。

建构主义认为，教学应该基于内容的真实性和复杂性，方法的导引性和支撑性，学习环境的丰富性、挑战性和开放性，发挥评价的激励功能、支持反思功能和自我调控功能、教学情境浸润功能。

建构主义教学设计原理强调，学生的学习活动必须与大的任务或问题相结合，让学生在真实的教学情境中带着任务学习，以探索问题的解决方法来驱动和维持学习者的学习兴趣和动机，在完成实际任务的过程中完成知识的学习任务，并从中发展认知能力和处理问题的能力。

任务驱动式教学的特点是教师通过巧妙设计教学任务，将要讲授的知识蕴含于任务之中，使学生通过完成任务达到掌握所学知识的目的。学生在完成一个个具体而真实的任务过程中要对任务进行分析，提出问题，并研究解决问题的方案，通过自主学习、小组合作学习与探究活动，完成学习任务，达到最终目标。任务驱动式教学法的课堂结构是创设情境、确定问题（任务）、自主学习和合作学习、学习效果评价。

任务驱动式教学会呈现出"一个中心"和"两条基本线"的课堂格局。"一个中心"不再是传统意义上的以知识为中心，而是一个包含知识的有目标、有情境、有价值的真实任务，其"真实"表现为这样的任务不仅"看得见""摸得到""想得出"，而且"用得着"。它不再那么单调、枯燥和冰冷，而是充满了魅力，吸引学生去感受、去获取这种力量。

"两条基本线"是指"智慧线"和"生命线"。任务驱动式教学能让学生的智慧和生命大放异彩。学生在情境中明确任务，在教师的点拨下分析任务，在师生互动中解决任务，在多元评价中反思任务。在此过程中，学生的智慧得到充分展示，学生的生命得到充分尊重。

（1）创设情境使学生的学习能在与现实情况基本一致或相类似的情境中发生。需要创设与当前学习主题相关的、尽可能真实的学习情境，引导学习者带着真实的任务进入学习情境，使学习更加直观和形象化。生动直观的形象能有效地激发学生联想，唤起学生原有认知结构中有关的知识、经验与表象，从而使学生利用有关知识与经验去"同化"

或"顺应"所学的新知识，发展能力。

（2）确定问题（任务）。在创设的情境下，选择与当前学习主题密切相关的真实性事件或问题（任务）作为学习的中心内容，让学生面对一个需要立即去解决的现实问题。

问题（任务）的解决有可能使学生更主动、更广泛地激活原有知识和经验，理解、分析并解决当前的问题。问题的解决为新旧知识的衔接、拓展提供了理想的平台。通过问题的解决来建构知识，正是探索性学习的主要特征。

（3）自主学习、协作学习。不是由教师直接告诉学生应当如何去解决面临的问题，而是由教师向学生提供解决该问题的有关线索，如需要搜集哪一类资料、从何处获取有关的信息资料等，强调发展学生的自主学习能力。同时，倡导学生之间的讨论和交流，通过不同观点的交锋，补充、修正每个学生对当前问题的解决方案。

（4）效果评价。对学习效果的评价主要包括两部分内容：一是对学生是否完成当前问题的解决方案的过程和结果的评价，即对所学知识的意义建构的评价；二是对学生自主学习与协作学习能力的评价。

（二）任务驱动式教学法的基本模式

具体见图7-3。

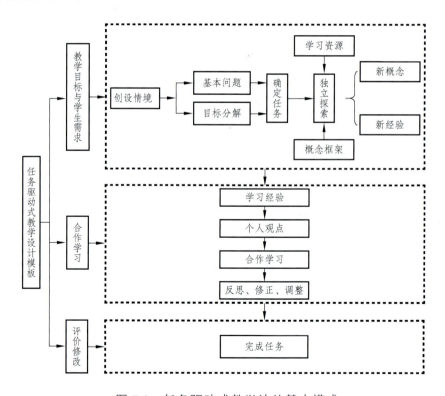

图 7-3 任务驱动式教学法的基本模式

（三）任务驱动式教学案例

高中美术鉴赏模块任务驱动式教学设计探析

设计者：贾瑞琪

年级：高一年级

一、"学习任务单"中任务的设计

"学习任务单"中的"任务"主要分为以下两个部分：

首先，设计入门性和探究性的任务，即分任务，也可以称为独立的任务，是难度较低的任务。通过学生细读课本，根据课本中的资料卡、活动建议、相关链接、已有的知识储备和教师提供的指导性资料，先自己解决问题。遇到难以解决的，询问老师或者后续小组合作交流解决。分任务的设置是为了让学生初步了解课程的基本结构和学习内容。

其次，设计深度性和总结性任务，即"学习任务单"中的总任务，也就是系统的任务，是略有难度的任务。总任务的设置应当有递进和拓展，与学习目标和重难点相对应。学生在循序渐进学习的同时，可以自我评估，巩固新知识，总结本节课所学内容，将其与旧知识联系起来，建构美术鉴赏技能新框架。

具体分任务的设计见图 7-4。

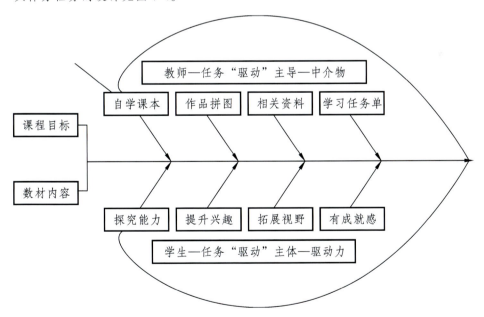

图 7-4　任务设计思路鱼骨图

二、学习任务单样例（见表7-18）

表 7-18　学习任务单

学习任务单		
课题	《托物寄情——美术作品与艺术家人生经历的关系》	
姓名		年级、班级	
学习目标		
1．熟知中国画托物寄情的特点并能理解作品中所表达的情感。 2．在具体形象的基础上，学会借助相关信息对美术作品进行描述、分析、评价等，从而认识美术作品与艺术家人生经历之间的关系，养成结合艺术家的生平进行鉴赏的好习惯。 3．在鉴赏作品时结合作者的生平和思想去解读美术作品的"言外之意""弦外之音"，这样既能提高审美能力，又能养成善于观察、善于发现的好习惯，并且增强学生热爱生活的意识，感悟美术作品所渗透的情感，从而陶冶情操，提高美术素养		
阶段	学习任务	完成情况
分任务	【提要】艺术家将物象人格化的方式包括哪些？托物寄情，那"物"到底有哪些物呢？ 【任务一】 观察作品：《墨梅图》《蝴蝶兰》《墨竹图》《菊竹图》 1．同学们学过的关于梅兰竹菊的诗句或者其他学科的知识有哪些？它们分别具有什么样的象征意义？寄托什么样的情感？ 2．美术作品中的梅、兰、竹、菊，是否也被赋予一种特殊的情感意义？ 【任务二】 植物中的"四君子"能寄托人们的思想情感。那么，借助动物是否也能寄托人的思想情感呢？ 完成拼图：朱耷《安晚帖》（之一） 1．这么大的一张画纸，只画了一条鱼，给你一种什么样的感觉？ 2．生活中人们做出"翻白眼"的表情有什么含义？表现在美术作品中又有什么隐喻？ 3．作品中除了主体物"鱼"，还有什么有趣的地方？它的意思是什么？ 4．比较实际生活中的鱼与画面中鱼的生活环境，思考：画家为什么要这样去画呢？他要想借这个作品来表达怎样的情感？	
	【任务三】 完成拼图：梵高《卧室》 1．画中的物品跟画家是什么关系？ 2．了解画家生平后，请你代入他的人生。假如你是"梵高"，遇到同样的挫折，你会怎么做？ 3．从造型、色彩以及细节分析作品表现了作者什么样的心情？如果你生活在这个卧室里，你会有怎样的感受？ 【任务四】 观察并分析课本第111页《到前线去》《怒吼吧，中国》两幅版画作品。	

	1．结合画家描绘的人物生活背景与你所学的历史、政治等学科知识，说一说作品给你的直观感受。 2．结合对前三个分配任务的探索学习，思考艺术家为什么要创造这样的人物形象？	
总任务	【任务一】 通过分析与鉴赏分任务中的作品，总结这些作品使用了什么手法、什么方式来传达情感？ 【任务二】 每一幅作品表达隐含意义的方式是否一样？是不是每个人都可以用这种手法和方式进行艺术创作？为什么？	
拓展作业	按照总任务中总结的鉴赏方法寻找徐悲鸿的《奔马图》、龚开的《骏骨图》、任仁发的《二马图》背后的意义与情感	

各教学环节活动设计，如表 7-19 所示。

表 7-19　各教学环节活动设计

环节一　创设情境导入任务	
教师活动	【创设情境】 多媒体展示作品《塔吉克新娘》《星夜》，吸引学生注意力。 提问：请同学们认真观察这两幅之前学过的油画作品，思考问题，请积极举手回答。 【引入问题】 1．两个作品分别给你什么感受？ 2．是谁给你这些信息的？ 3．他是通过什么给你传递情感的？
学生活动	学生对于学过的作品，面对不一样的问题充满好奇心，认真观察作品，思考并积极回答问题
环节二　介绍任务与主题	
教师活动	【介绍任务】 教师介绍本节课的任务：让我们学会掌握艺术作品中的象征和隐喻手法，这样我们就能更深入地理解美术家是如何通过含蓄的方式表达自己的想法和观念的。在欣赏作品的过程中，我们将结合作者的生平、创作背景和思想等因素，解读作品中隐藏的"言外之意"和"弦外之音"。 【介绍主题】 教师阐述本节课主题：本节课通过学习不同作品不同的表达方式，大家可以发现艺术作品的丰富内涵，同时也能培养我们的想象力和思考能力。而当我们能够解读出美术作品背后隐藏的意义时，我们就会更加深刻地认识到每个人的观点和想法都是有价值的，每个人都有自己独特的思想和情感需要被尊重和理解
学生活动	学生认真听老师介绍学习任务和主题，明确本节课的主要任务、目标和完成方式，构建美术鉴赏任务驱动式教学的初步认知框架

	环节三 发放"学习任务单"
教师活动	【课前任务】 教师在课前设计"学习任务单",定制拼图。 【分发资料】 给学生分发"学习任务单"、《安晚帖》(之一)和《卧室》的艺术拼图以及"学习任务单"中美术作品的相关参考资料。使用大幅度的肢体语言吸引学生注意力
学生活动	检查资料完整度;填写"学习任务单"基本信息;看学习目标,联系教师介绍的任务和主题的环节,明确学习目标与要完成的任务
	环节四 学生自学课本
教师活动	【提出问题】 艺术家将物象人格化的方式包括哪些?托物寄情,那"物"到底有哪些物呢? 【作品展示】 多媒体展示《墨梅图》《蝴蝶兰》《墨竹图》《菊竹图》,促使学生发挥图像识读的能力。 【提出问题】 植物中的"四君子"能寄托人们的思想情感,那动物是否也能寄托人的思想情感呢? 【提示学生】 提示学生观察并分析课本第111页的《到前线去》《怒吼吧,中国》两幅版画作品。 【巡回指导】 学生自学时,教师走下讲台,巡视课堂,适时指导学生;观察学生学习行为,主动帮助有困难怯于举手提问的同学
学生活动	1. 观察并分析作品,完成分任务一。 2. 完成拼图,观察作品,思考问题。结合课本、相关参考资料、拼图,根据任务要求分析作品,完成分任务二。 3. 完成拼图,观察作品。结合课本、资料、拼图,根据任务要求分析作品,完成分任务三。 4. 认真阅读课本内容,观察并分析作品,完成分任务四
	环节五 小组合作交流
教师活动	【组织活动】 将学生分为4至6人一小组,指定小组长,让小组长给组员安排记录、管理等任务,顺利进行小组讨论活动,鼓励学生积极发言。让学生在学习过程中真正具有学习主动权。 【管理课堂】 观察学生交流讨论的情况,注意提醒学习氛围与时间把控
学生活动	小组分工合作,各成员尽职尽责,一起讨论交流完成总任务,并派代表发言。
	环节六:教师总结与反馈
教师活动	【教师总结】 认真倾听小组代表发言,针对学生发言进行正向反馈与引导,最后进行课堂总结,完成教师观察量表。 【教师反馈】 针对学生参与度、自学探索能力、小组合作表现与任务完成情况进行简要口头评价
学生活动	倾听教师总结,边听边回顾本节课知识,与学习目标一一对应,自我检验是否达到这三个目标,最后完成自我评价表

三、各教学环节驱动结果（见图7-5）

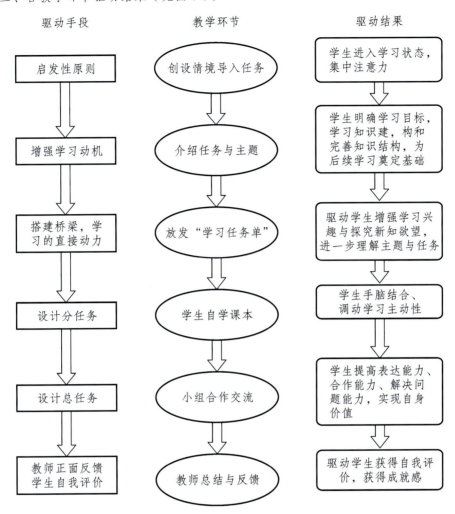

图 7-5　各教学环节驱动结果

四、主题单元式教学方法

"主题"是指文艺作品中或者社会活动等所要表现的中心思想或主要内容。主题单元教学中的"主题"是指以教学内容为基础，以活动为途径，把思想情感融入学科教学，使其兼具思想性、生活性、实践性、人文性。

"单元"是相对独立或自成系统的独立成分，在教学中指相互关联、先后有序的教学内容组合，是基于核心素养，按照学科知识逻辑结构、学生认知规律，以相关主题与任务为线索的教学结构单位。单元教学，就是在一段时间内连续开展的具有学科特点、与学生生活相关联、完整而有目的的教学活动。

主题单元教学室依据课程内容，以主题为线索，整合学科知识与相关资源，进行连续课时的单元教学活动。立足艺术核心素养，整合目标、任务、情境与内容，关注知识与现实生活的联系，提倡在真实的情境中运用科学与跨学科知识解决生活中的问题，将学科知识、生活经验、研究性学习与审美体验融为一体。艺术核心素养导向下的主题单元教学以大观念为统整，以主题为引领，以教学目标为导向，以单元学习任务为驱动，以基本问题和关键问题为牵引，以单元学习活动为载体，以活动评价为保障，具有结构化、情境化、个性化，以及人文性、综合性、开放性等特点。

（一）主题单元教学的方法策略

1. 以大观念为统整，开展主题式学习

单元大观念是本单元具有核心、统摄作用的观点、原则、结论。它可以串联和统整单元教学内容，使知识之间形成必然的、有结构关系的联系，便于学生把握知识的内核，促进学生对知识的理解和迁移。主题单元式教学在大观念的统整下，围绕主题开展教学活动。大观念、单元主题与活动主题相呼应，引领教学活动，激励学生开展有意义的学习。

2. 以目标为导向，开展教学评一体化教学

教学目标是实施单元教学的依据和纲领，具有"教导""导学"功能，对学习活动的内容、行为和预期结果有明确的指向和要求。主题单元式教学提倡教、学、评一体化，在学习之初就让学生清楚自己要做什么、需要达到什么标准。课前，教师依据教学目标任务，设计评价标准，开发评价工具（调查问卷、研究报告、意见书、书面测试、记录单、评价量表及其他检测工具等）；课上，学生依据学习任务和标准开展自主学习，运用评价指标和工具进行自测，学生当监测员，教师当监督员，师生共同对学习行为和结果进行及时有效的监测。教学过程既是评价的过程，也是学生通过开展自主、合作、探究式学习不断更新、内化和建构知识、形成能力、提升素养的过程（见图7-6）。

图 7-6　主题单元式教学过程示意图

3. 以任务为驱动，倡导情景化学习

主题单元式教学关注学科知识与现实生活的联系，提倡在生活情境中开展教学活动，把学科知识转化为生活化的学习任务，变"学"知识为"用"知识。在教学中，依据教学目标确定单元任务，再依据学习活动需要把单元任务分解为过程性活动任务。在课堂上，提出任务（做什么），分解任务、制订计划、实施分工、开展活动（怎么做），监控与测评任务实施过程及成效（做得怎样）。可利用任务单、问题单或导学案等形式引导学生开展自主、合作与探究（见图7-7）。

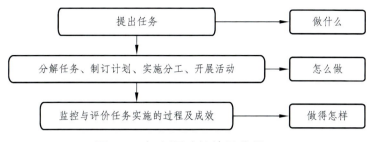

图 7-7　任务驱动的情景化学习

4. 以问题为牵引，进行探究式学习

问题既是学科探究的起点，又是技法深层动机的源泉。学生只有真正产生了问题，才会积极地去探究，寻找问题的答案。"好的问题不仅能够促进对某一特定主题单元内容的理解，也能加强技法与知识间的联系和迁移，我们称这样的问题为'基本问题'。"[①]在教学中，以单元基本问题为诱因，分解出一系列活动关键问题，学生借助问题进行自主鉴别、合作探究，深度挖掘问题的来源和价值，在对问题持续不断地探索中系统剥离单元的层层知识，最终解决问题，完成任务。

问题牵引下的学习路径为：依据大观念和素养目标、任务提出基本问题，分解关键问题，诱发并生成小问题，引导学生开展探究性学习活动（见图 7-8）。

图 7-8　问题牵引下的学习路径

（二）主题单元教学的基本模式

单元主题教学通过主动学习，经历感知与理解、创意表达与交流体验、创造应用等艺术实践，满足学生对学习的现实需求，达到完善认知、提升能力、发展素养、形成正确的价值观和健康审美的目的。在教学中，以任务为驱动，以问题为牵引，以学习活动统整教学过程。教师是学习活动的设计者、观察者、引领者，学生是学习活动的主动实施者。学生按照任务分工，针对问题开展探究式学习。在学习过程中，学生通过观察、体验、思考、讨论、质疑等多种活动，分析真实情境中的问题，获得解决问题的方法。教师运用与调动相关教学资源，开展教学实践活动（见图 7-9）。

① [美]格兰特·威金斯，等. 追求理解的教学设计[M]. 上海：华东师范大学出版社，2016:80-83.

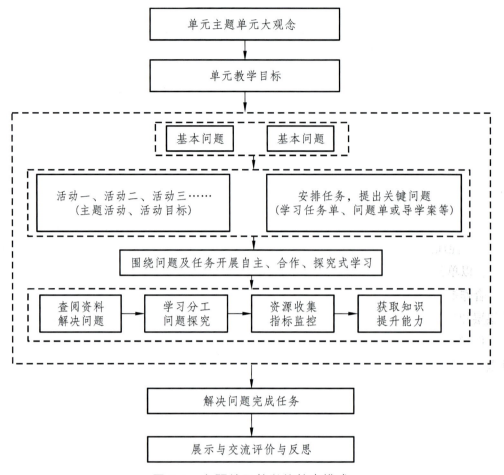

图 7-9　主题单元教学的基本模式

（三）主题单元教学的教学案例

《韩熙载夜宴图》的"前世今生"大单元课程设计案例

课程设计：刘香玉

一、课程设计思路

该大单元课程以"探寻前世故事"与"揭秘今生形象"两阶段为课程驱动性任务，将其分解为"赏析《韩熙载夜宴图》""探寻作品秘密""绘制卡通推广形象"与"展示宣传环节"4个单元小课程，在教师组织下完成"《韩熙载夜宴图》卡通人物形象推广活动"。拟通过大单元课程引导学生探寻、了解中国传统绘画作品的时代背景与文化特征，通过现代绘画手段"创新"经典，赋予作品新的时代意义与文化内涵。

通过设置"探寻前世故事"这一驱动性任务，引导学生首先赏析《韩熙载夜宴图》，通过自主查阅、分工合作等方式，了解《韩熙载夜宴图》基本形式美感、构图、人物动态、绘制方式等美术基础知识。运用费德门欣赏法，结合相关历史知识，探究该幅作品与五代南唐时代的关系，政治、经济、文化要素与绘画作品间的关联。

在"揭秘今生形象"这一任务中，引导学生结合作品赏析内容，依据作品画面要素，以作品中几个关键性人物为原型，引导学生用卡通动漫等绘画方式，对《韩熙载夜宴图》这一经典作品进行改编绘制，并展示学生的卡通人物形象作品。具体的单元教学设计如表 7-20 所示。

表 7-20　单元教学设计

单元课题	《韩熙载夜宴图》的前世今生		
授课年级	初二	总课时	8 课时
学科领域	美术、历史		
课程 课时 安排	前世故事： 第一单元："赏析《韩熙载夜宴图》"（2 课时） 第二单元："探寻作品秘密"（2 课时） 今生形象： 第三单元："绘制卡通推广形象"（2 课时） 第四单元："展示宣传环节"（2 课时）		
教材 分析	《义务教育艺术课程标准》（2022 年版）（以下简称《课标》）提出，要"设立跨学科主题学习活动，加强学科间相互关联，带动课程综合化实施，强化实践性要求""突出课程融合，重视艺术与其他学科的联系，充分发挥协同育人功能"。本单元课程的设计思路契合《课标》要求，课程选自人美版八年级上册第 1 课《形式美法则》，取材该课的《韩熙载夜宴图》；人教版九年级下册第三单元《动漫艺术》，取材该课中动漫形象的设计，同时结合初中历史中有关五代南唐的相关知识，将教材内容进行融合，以"《韩熙载夜宴图》的前世今生"为单元主题，拟在大单元课程中引导学生先欣赏《韩熙载夜宴图》，并结合相关历史知识，结合五代南唐的经济、政治、文化知识深入分析作品中的人物关系与作品内涵，培养学生融合学科知识解决问题的意识，提高学生运用所学知识解决实际问题的能力，引导学生通过小组合作，绘制相关人物动漫形象并进行宣传与成果展示		
学情 分析	八年级的学生处于儿童向青少年过渡的发展阶段，是生理、心理发展变化的关键时期。该年级学生在小学及七年级阶段有一定的美术学科基础，了解基本的赏析美术作品的方法，尤其对动漫形象的绘制兴趣较大，有一定的动漫人物绘画基础。 八年级学生课堂学习兴趣较高，回答问题较积极主动，有较高的学习主动性。对动漫人物形象的绘制兴趣较高，教师在课程授课时要依据学生的课堂积极性，运用多种教学方法，调动学生欣赏绘画作品的积极性，引导学生大胆表达，为课堂教学内容的传授奠定基础		
《韩熙载夜宴图》的"前世今生"大单元问题设置大概念、基本问题、小问题			
大概念：	绘画作品反映现实生活		
基本 问题：	1.《韩熙载夜宴图》在哪些地方体现出五代南唐的文化特征？ 2. 当今时代背景下，怎样赋予以往作品新的文化内涵？		

学生将会理解
1. 绘画作品与时代背景的关联，理解绘画作品是时代文化的造型载体。 2. 不同的绘画形式能够赋予美术作品独特的图像含义

学生将能够做到
对《韩熙载夜宴图》进行基本赏析，了解画面基本内容，结合时代文化特征对作品进行深入分析、鉴赏，并运用动漫形式创作《韩熙载夜宴图》卡通人物形象。了解绘画作品受时代影响，反映不同时代的文化特征。结合当今时代的文化特征与新的漫画人物创作，赋予传统作品新内涵

单元教学目标	1. 学习费德门鉴赏法，了解《韩熙载夜宴图》与五代南唐的经济、政治关系，掌握动漫人物绘制的方法。（审美感知、文化理解） 2. 通过小组合作、自主查阅资料等方式，学会基本的美术作品鉴赏方法；通过自主学习相关资料与练习的方式绘制动漫人物。（审美感知、艺术表现、创意实践） 3. 激发学生对优秀传统文化的保护意识，赋予传统文化新的时代意义，提高创新意识和审美能力。（文化理解）
教法学法	教法：为培养学生围绕问题主动探究的意识、提高学生对知识点的深度理解能力，设置大概念基本问题与相关任务驱动，运用引导法、欣赏法等教学方法。 　　学法：小组合作法、探究法、实践法

单元教学评价教学评一致性		
评价要点	具体表现	核心要素
能知道该作品的表现形式、主要人物形象及主题意义	能知道作品的表现形式、创作背景、作品含义，以及描述作品中所包含的形象。 能了解作品的基本构成形式	审美感知

小问题	第一单元 1. 辨别画面中哪一人物形象是韩熙载，说明你的理由。 2. 主人公韩熙载采用了哪些形式招待宾客？ 3. 画面中多次出现的屏风有何含义？屏风对作品的绘画形式起到什么作用？ 4. 主人公韩熙载在宴会中有哪些神态、动态的变化？ 5. 画面中人物的服饰有何特点？ 第二单元 1. 顾闳中为何要绘制《韩熙载夜宴图》，他的目的是什么？ 2. 韩熙载为何向宾客展示沉溺于声色犬马中的自己？ 3. 韩熙载沉溺于酒色是真实享受还是另有隐情？ 4. 桌上的水果器皿有何来历？ 第三单元 1. 漫画人物的绘制方法有哪些？ 2. 如何用漫画生动表现人物的神态、动态？ 3. 在漫画形象绘制过程中，如何体现新作品的时代文化特征？ 4. 合当今时代文化特征对《韩熙载夜宴图》进行创作改编？ 5. 《韩熙载夜宴图》与专属人物漫画作品的创作，两者之间是怎样的关系？ 第四单元 1. 将以往作品结合时代背景再创作，这一过程有什么意义 2. 传统作品的"新生"，被赋予了哪些新的含义？

学生将会知道		
关键知识：	运用费德门欣赏法对《韩熙载夜宴图》进行赏析，了解作品的基本含义、画面内容及创作背景下的时代政治、经济关系； 《韩熙载夜宴图》作品的图式语言如构图、人物神态、动态等； 结合时代背景评述作品的含义； 动漫人物的绘制方法、神态、动作的表达方法	
关键技能：	鉴赏美术作品的基本流程与方法； 动漫人物的绘制方法	
能结合时代文化背景与历史政治、经济背景，对作品进行欣赏、分析，做出属于自己观点的解释与评价	● 能知道和理解"绘画作品受不同时代影响，既包含丰富的内容，也能反映不同时代和民族的文化特征"。 ● 能结合历史资料对画面人物关系、画面出现形象等进行鉴赏与评价	审美感知 文化理解
能结合作品人物形象，创作一组动漫人物形象	● 能用所学美术技能创作动漫人物形象，并基本准确表达人物性格或神态	艺术表现

二、单元教学计划表（如表 7-21）

表 7-21　单元教学计划表

子单元课题			第一单元:《赏析〈韩熙载夜宴图〉》		
课时	2 课时	课型	欣赏·评述	跨学科内容	历史
子单元 小问题	1. 辨别画面中哪一人物形象是韩熙载，说明你的理由。 2. 主人公韩熙载采用了哪些形式招待宾客？ 3. 画面中多次出现的屏风有何含义？屏风对作品的绘画形式起到什么作用？ 4. 主人公韩熙载在宴会中有哪些神态、动态的变化？ 5. 画面中人物的服饰有何特点？				
子单元 教学目标	1. 了解画面基本内容，学习作品的图式语言如画面内容、人物神态、动态等。 2. 通过小组合作、自主查阅资料等方式，学习运用费德门鉴赏法欣赏美术作品。 3. 在学习过程中增强自主学习与探究的意识				
子单元教 学重点、 难点	教学重点：学习费德门鉴赏法，学会自主赏析美术作品。 教学难点：了解绘画作品与时代背景的关联				
子单元 教学准备	教师：PPT 课件、课前任务单（附件 1）、作品鉴赏问题单（附件 2）、音像资料 学生：课前查阅相关资料、图画本、绘画工具				

教学活动设计			
教学内容	教学活动	学习活动	设计意图
1. 了解画面的绘画、构图形式之美，探究画面中的基本形象。 2. 围绕《韩熙载夜宴图》，利用费德门欣赏法对作品进行初步的描述，结合五代南唐的政治、经济历史知识，结合画面内容对该幅作品进行分析与解释	1. 布置课前任务。通过课前任务单附件一查阅五代南唐的时代背景，包含经济、政治，搜集作品创作的背景。 2. 介绍《韩熙载夜宴图》的前世今生。单元课程以"探寻前世故事"为情景导入教学，提高学生课堂学习兴趣与探究作品内在含义的积极性。 3. 依据课堂小问题的设置与作品赏析问题单的设置，增强学生对作品的理解深度	1. 在该课程的学习中熟悉作品的 5 个场景（琵琶演奏、观舞、夜间休息、清吹、欢送宾客）。学生采取小组合作的方式分段对《韩熙载夜宴图》进行赏析，通过课前自主搜集材料查阅相关书籍，了解该幅作品的含义。 2. 依据所学内容查阅相关资料，完成作品鉴赏问题单附件二	1. 情景的导入与专属动漫人物形象设计贴合学生兴趣，增强学生学习主动性与积极性。 2. 利用小问题，增强学生探究问题的深度，提升自主探究问题的意识
子单元课题	第二单元《探寻作品秘密》		
课时	2 课时	课型	"欣赏·评述"
子单元问题	子单元小问题 1. 顾闳中为何要绘制《韩熙载夜宴图》，他的目的是什么？ 2. 韩熙载为何向宾客展示沉溺于声色犬马中的自己？ 3. 韩熙载沉溺于酒色是真实享受还是另有隐情？ 4. 桌上的水果器皿有何来历？		
子单元教学目标	1. 了解分析作品蕴含的时代背景与经济、政治因素，探究绘画作品与时代背景的联系。 2. 通过分析、解释作品图像，搜集相关资料，了解作品背后的深层含义		
子单元教学重难点	教学重点：能够对作品进行深度解读。 教学难点：围绕时代背景，探寻时代与绘画作品的关联		
子单元教学准备	教师准备：PPT 课件、《韩熙载夜宴图》教具 学生准备：图画本、绘画工具、相关资料		
教学内容	教学活动	学习活动	设计意图
讲授作品中蕴含的时代背景与经济、政治因素，探究绘画作品与时代背景间的联系。	1. 教师分别展示《韩熙载夜宴图》五场景，结合课堂小问题的设置，引导学生思考作品的深层含义。 2. 创设"揭秘讨论"情境，引导学生记录存在争议的画面，引导学生做好分工	1. 每小组依据教师课堂小问题进行讨论，同时小组成员做好分工。(小组长、记录员、资料收集员、讲解者)。 2. 围绕教师问题展开讨论，并在第二课时上课时分享个人见解	通过小问题的设置引导学生深入探究作品的内涵，在交流、讨论探究中逐渐提高分析、解释、评价绘画作品的能力

三、第三单元教学计划表（见表 7-22）

表 7-22　单元教学计划表

子单元课题	第三单元：《绘制卡通推广形象》		
课时	2 课时	课型	"造型·表现"
子单元问题	1. 漫画人物的绘制方法有哪些？ 2. 如何用漫画生动表现人物的神态、动态？ 3. 在漫画形象绘制过程中，如何体现新作品的时代文化特征？		
子单元教学目标	1. 了解分析作品蕴含的时代背景与经济、政治因素，探究绘画作品与时代背景间的联系。 2. 通过分析、解释作品图像，搜集相关资料，了解作品背后的深层含义		
子单元教学重难点	教学重点：能够对作品进行深度解读。 教学难点：围绕时代背景，探寻时代与绘画作品的关联		
子单元教学准备	教师活动：PPT 课件、《韩熙载夜宴图》教具。 学生活动：图画本、绘画工具、相关资料		
学习活动设计			
教学内容	教学活动	学习活动	设计意图
讲授作品中蕴含的时代背景与经济、政治因素，探究绘画作品与时代背景的联系	1. 教师分别展示《韩熙载夜宴图》的五场景，结合课堂小问题的设置，引导学生思考作品的深层含义。 2. 创设"揭秘讨论"情境，引导学生记录存在争议的画面引导学生做好分工	1. 每小组依据教师课堂小问题进行讨论，同时小组成员做好分工（小组长、记录员、资料收集员、讲解者）； 2. 围绕教师问题进行讨论，并在第二课时上课时分享本组见解	通过小问题的设置，引导学生深入探究作品的内涵，在交流、讨论、探究中逐渐提高学生分析、解释、评价绘画作品的能力

四、第四单元教学计划表（见表 7-23）

表 7-23　单元教学计划表

子单元课题	第四单元：《展示宣传环节》		
课时	2 课时	课型	"欣赏·评述"
子单元小问题	1. 结合时代背景对以往作品再创作，这一过程有什么意义？ 2. 传统作品的"新生"，被赋予了哪些新的含义？		
子单元教学目标	1. 通过动漫作品的展示与评价环节，回顾学习成果。 2. 在展示环节，提高鉴赏与表述能力		
子单元教学重难点	教学重点：赏析漫画作品过程中，探究绘画作品被赋予"新生"的意义。 教学难点：了解绘画作品与时代文化特征的关联		
子单元准备	教师：PPT 课件、鉴赏评价单。 学生：动漫人物形象作品、绘画工具		

学习活动设计			
教学内容	教学活动	课型	"欣赏·评述"
1. 展示"《韩熙载夜宴图》的前世今生"动漫作品。 2. 回顾、交流、评价单元学习	1. 教师设置展评环节，选取部分学生的作品进行展示，同时学生阐述自己的创作思路与收获，师生共同鉴赏。 2. 围绕课题小问题，师生共同探讨	1. 欣赏观摩其他同学的作品展示环节。 2. 依据课堂问题，进行思考与交流。 3. 完成单元评价单（附件三）	1. 班级同学间共同鉴赏，提高学生的欣赏、表达意识。 2. 围绕课堂问题交流讨论，回顾所学，促进学生对传统绘画作品进行新思考

附件一：单元教学课前任务单（见表7-24）。

表7-24　单元教学课前任务单

课前任务单	
五代南唐的时代背景（包含经济、政治）	
《韩熙载夜宴图》的创作背景	
《韩熙载夜宴图》绘画作品基本信息	
韩熙载个人资料	

附件二：作品鉴赏问题单（见表7-25）

表7-25　作品鉴赏问题单

作品鉴赏问题单

1. 作品中包含哪些人物形象？

_____

_____

2. 画家表现的画面与生活时代的背景之间有怎样的关联？

_____

_____

3. 作品中，哪些形象凸显韩熙载的"花天酒地，不议政事"？

_____

_____

4. 通过课本的学习，从画面内容、创作背景、文化历史等角度赏析《韩熙载夜宴图》。

_____

_____

附件三：单元评价单（见表7-26）

表 7-26　单元评价单

环节	达成标准	对应核心素养	等级
1 鉴赏	1-1 能够详细准确阐述作品的画面信息、构图形式、任务关系及历史背景等。 1-2 较为准确描述画面内容、构图形式等	审美感知	
2 评价	2-1 能够查阅相关资料，结合政治、经济要素，分析画面内容，了解绘画作品与政治、经济等时代背景的关系。 2-2 能查阅相关资料，阐述画面中的政治、经济要素	文化理解	
3 动漫人物绘制	3-1 根据《韩熙载夜宴图》中人物样貌、神态、动态等，较好地完成动漫人物绘制，所设计出的动漫人生动、形象、传神。 3-2 借鉴临摹《韩熙载夜宴图》中的形象，完成动漫人物的绘制。 3-3 根据自我想法，绘制出人物形象	创作实践	
4 小组合作	4-1 在小组合作中起到主导作用，在小组合作中积极主动表达自己的想法，较好地完成小组分配的任务，在汇报交流中表现突出。 4-2 主动参与小组合作，较为积极参与小组讨论，能够完成小组分配的任务，参与汇报交流。 4-3 参与小组合作，参与资料收集、整理工作，简单参与汇报交流	团结协作	
5 宣传展示	5-1 在动漫作品的宣传展示环节，积极展示作品，有依据地讲解作品的创作思路；认真欣赏他人作品并做出评价；其绘画作品反映时代独特的文化特征。 5-2 在动漫作品的宣传展示环节，较为主动地展示作品，能够讲解作品的创作思路；能够欣赏他人作品；绘画作品能够反映部分时代文化特征。 5-3 在动漫作品的宣传展示环节，没有展示作品，主动欣赏他人作品；绘画作品没有反映时代文化特征	审美感知	

五、项目式教学方法

项目教学法是教师将一个相对独立的项目交由学生自己处理，信息的收集、方案的设计、项目实施及最终评价，都由学生自己负责。学生通过该项目，了解并把握整个过程及每一个环节中的基本要求。"项目教学法"最显著的特点是"以项目为主线、教师为引导、学生为主体"。

项目式学习是一种基于建构主义学习理论的情境化学习方式，能赋予学生更多主动探究学习的机会，围绕拟解决的项目问题，在经历收集信息、获取知识、探讨方案、同伴协作、动手实践等环节后，有效促进学生的知识建构，促进技能与能力的发展，如"创意口罩"项目式教学设计案例（见表7-27）。

表 7-27 "创意口罩"项目式教学设计案例

项目基本信息			
项目名称	创意口罩(课程设计:李怡)	项目时长	8 课时
项目类型	设计活动	年级	高一
学科领域	艺术（设计）、信息技术、社会实践、科学、语文（写作）		
教材	人美版高中美术·设计模块（第一单元"设计与生活"、第三单元"产品设计"）		
项目简述	口罩已经成为人们防病的必需品。然而，现实生活中还是有人因为种种"不便"和"不美丽"而随意摘下口罩。"创意口罩"项目使学生通过思考"需要什么样的更好的口罩"开始，探索口罩的前世今生（思考口罩与疾病、社会的关系），再以美术学科知识与技能为依托，结合其他学科知识，创造性地再设计"未来口罩"，最后公开展示，并对作品进行宣讲和介绍。项目旨在培养学生关注现实生活、学以致用的"创意实践"素养和能力		
项目优势	充分整合了校内校外、课上课下的课程资源，学生以设计师（专家身份）投入学习活动中，聚焦真实问题，不仅实现以设计为载体的创造力（设计思维）培养，而且获得了过程性、经验性、社会性、生活性的隐性知识和技巧。 以设计为载体培养创造力，以任务和问题的解决为依托组织教学内容，以多样化的策略解决问题，与项目式学习有异曲同工之妙。结合设计活动开展学习，让学生通过再次思考"口罩"的重要性和实用性，加大学生对疫情防控的理解、对生命安全的重视，这是本课题育人的重点之一		
核心知识	·了解口罩的起源与发展（文化理解）。 ·了解视觉设计、产品设计的基本特点和制作流程（文化理解、美术表现）。 ·了解设计的分类和特点（图像识读、审美判断）		
关键能力与必备品格	关键能力 ·设计思维能力：像设计师一样思考的能力（高阶思维）。 ·创造力：依照产品设计的程序和方法，学习以手绘、软件绘制效果图或制作模型等方式完成"创意口罩"的产品设计，并辅以对功能的文字说明（艺术表现、创意实践）。 ·陈述能力：对自己的产品（创意口罩）进行解说和宣讲。 ·交流表达能力：使用设计语言，从功能和审美角度进行讨论与交流，表达自己的态度和观点。 ·信息收集能力：通过多渠道收集优秀的设计作品，分析其设计意图及理念。 ·写作能力：对完成的产品创意设计辅以功能的文字说明。 ·团队协作能力：作为设计团队，用团队的力量解决问题。 必备品格 ·时代意识与创新精神：加大学生对现实社会存在问题的现状、发展趋势的理解；学生能综合运用产品设计的知识与技能，提出新方法、新观点的，具有创造精神。 ·团队意识与自律精神：设计团队要通过共同合作完成"创意口罩"项目，组员之间相互尊重、相互帮助，积极地参与组内各项活动，和组长配合默契；在独立工作时间，学生能按照计划，自我控制、调节好自己的学习进度，处理好工作与自我的关系。 ·加大学生对生命安全的重视、对现实生活的关注		

大概念和驱动性问题	1. 大概念：设计源于生活，改变生活，服务生活。 2. 驱动性问题：后疫情时代，如何设计出能提高生活品质、解决生活问题的创意口罩？
问题链	1. 起源：口罩起源于什么？它的目的是什么？（科学、历史） 2. 主题：现实生活中的口罩有什么不足？为什么会出现这些问题？（社会实践） 3. 鉴赏：通过观察这些作品，思考它有什么优缺点、与现实生活有什么联系。（鉴赏观察） 4. 技法：如何用手绘或软件的方式完成产品设计？如何通过科学的材料与工艺的选择（科学性），制作产品实现价值？（设计） 5. 构思：如果你是设计师，你将如何设计一个"创意口罩"？你的设计源自什么问题？有什么目的？设计的时候需要考虑什么因素？（设计） 6. 创作：如何依照产品设计的程序和方法，以手绘、软件绘制效果图或制作模型等方式完成"创意口罩"的产品设计？（设计） 7. 展览：如何更有趣地、高效地宣传我们的产品？（策展、海报设计） 8. 迁移：现实生活中还有什么现象是可以通过设计来改变的？
教材与学情分析	1. 分析课程性质和特点 　本课属于"设计"模块，以产品设计为主。"以人为本"、文化性、科学性、艺术性是设计的主要特征。理解设计与人的生活密切相关，运用产品设计对口罩进行重新思考和再创造是本课程重点之一。 　2. 分析学生知识与技能现状（分析学情） 　在新课程理念下，高中美术课程目标、课程内容、教学方式、学习方式等都发生了较大变化。高一学生处在初、高中美术教学衔接点上，我们应当适当增强教学的针对性，促使学生尽快适应和顺利进行高中阶段的学习。因此，我们应该着力培养高中生的高阶思维和底层逻辑。而高中生的思维正从形象思维逐渐向抽象思维过渡，辩证逻辑思维日趋发展。因此，在教学中培养学生的思辨能力尤为重要
教学构思	1. 提出驱动性问题，展开头脑风暴 　联系学生生活经验，提出"现在的口罩有什么不足"的问题，激发学生兴趣。通过学生的头脑风暴探索更多的小问题，并将其分类归纳。 　2. 围绕学习目标，搭建学习支架 　·通过《鉴赏导学单》分析优秀的设计作品，使学生了解设计的相关知识，帮助学生搭建"好的设计"的概念和标准。 　·邀请产品设计师（专家）让学生了解产品设计的过程，真实地触摸产品，广泛地了解材料，认识形式与功能的关系。 　·通过《设计单》培养学生的设计思维和美术学科核心素养。 　3. 通过交流沟通，获得批判性反馈 　·将方案介绍给客户，并进行调研与咨询，得到反馈，优化设计。 　·通过鱼缸会议观察别人的讨论，通过思考他们的交流方式或思维模式，真诚反馈，客观认识自己，促进反思，助力后续工作。 　4. 通过思维与表达的一体化，进行系统性学习 　·通过公开展示对产品进行宣讲，实现设计文化和口罩文化的价值输出。 　·制作PPT介绍产品。

	5. 设置多样化评价策略，使评价嵌入课堂 ·通过各阶段的检测点，使学生管理、检测自己的学习。 ·通过学习档案袋收集学生的学习过程，深化学习效果。 ·通过每节课交付的形成性评估证据进行过程性评价
课程构思	第一课：主题探索+团队建设+项目规划（1课时） 第二课：知识技能+鉴赏活动+文化理解（1课时） 第三课：构思设计+反馈优化+交流讨论（2课时） 第四课：创作实践+跨学科学习（2课时） 第五课：布展彩排+展览交流（1课时） 第六课：反思点评+项目复盘+收集成果（1课时） 　该项目式教学设计以"口罩文化"与"产品设计"两个关键概念为核心，将其分解为"主题探索""知识技能"（项目准备期）"构思反馈""创作实践""展览宣讲"（项目执行期）"反思点评"（项目收尾期）六个课程。 　在项目准备期解决"口罩是什么""口罩为什么重要""什么是好的设计标准"等问题，为项目打下基础；在项目执行期解决"怎么做产品设计""如何优化设计""怎么宣传、展示产品""如何实现学生的个性化发展"等问题，用学到的知识和技能真实地、创造性地解决问题，发展每位学生的素养和能力；在项目收尾期进行主题回顾和复盘，深化学习效果，加大学生对生命安全的重视、对现实生活的关注

成果与评价如表 7-28 所示。

表 7-28　预期中的成果与评价

预期中的成果与评价	
个人成果 ·比较欣赏优秀的设计作品，总结出关于设计的特点，撰写相应的鉴赏报告（《案例分析单》《作品鉴赏导学单》）。 ·通过社会调研，思考分析"口罩"的问题，总结问题。（《社会调研学习单》）。 ·创意口罩设计方案（《设计单》）	评价的知识与能力（以课标为依据） ·能根据驱动性问题，联系个人情境或社会情境，调查真实的社会成员，明确概念，写出若干小问题或创作意向。 ·能充分描述设计作品的主要设计类型及其设计的概念和内涵、范围与种类；能使用设计术语，从功能和审美角度交流讨论设计作品表达观点。 ·了解多种设计的概念和内涵、范围与种类，能举例并详细描述其产品设计的基本设计程序和方法；把握产品设计的特征和内涵。 ·吸取设计作品中有价值的元素，设计出更有风格、更能表达主题的设计方案；由表及里地写出自己的创作意图及设计说明
团队成果 ·项目小组以"创意口罩"为主题，在考察学习优秀的设计案例的基础上，通过借鉴和想象，联系现实生活，完成"创意口罩"的设计方案和设计说明	评价的知识与能力（以课标为依据） ·陈述能力：对自己（小组）的产品（创意口罩）进行宣讲和演示。 ·深度理解口罩的重要性，了解社会事件背景，充分熟悉设计的概念和各种特点，依照产品设计的程序和方法，学习以手绘、软件绘制效果图或制作模型等方式完成"创意口罩"的产品设计方案，并用文字说明功能，作品具有一定的创造性
公开方式 　在学校展厅举办"创意口罩"设计展，播放学生创作过程视频。展出设计作品的同时进行现场宣讲，邀请学生、家长、老师、社区的人参展并留下意见（意见簿），同步在公众号展出	

项目计划表，如表 7-29 所示。

表 7-29　项目计划表

项目日程表——第一课		
环节：主题探索+团队建设+项目规划+收集信息		时长：1 课时
目标： 1. 了解设计和生活的关系，理解设计与人的生活紧密联系；（文化理解） 2. 了解要解决生活中的问题，设计是最方便、快捷的方式之一； 3. 比较不同原因造成的口罩"不便"或者"不美丽"的问题（分析问题）		
学生活动	教师活动	设计意图
1. 观看视频，回答问题。 2. 通过头脑风暴（"撕、拍、传"法让每一位同学参与）探索驱动问题（独立思考，交流讨论）。 3. 学生思考，自由讨论（要解决生活中的问题，设计是最方便、快捷的方式之一）。 4. 将之前的问题分类归纳，并进行分组，小组内讨论。 5. 回答问题，小组讨论创建"NEED TO KNOWE"（需要具备的知识）清单（以下简称"NTK"）并做初步的整体规划。 6. 公开交流，通过《项目日志本》记录成员及其职务（海报设计人员、制作宣讲 PPT 人员、宣讲者、设计说明编辑过程记录人员等），预设最终效果。 7. 向真实客户咨询调查，下次课上总结交流（《社会调研学习单》）	1. 入项活动：播放一段视频，学生观察其中的现象，提问："视频里出现了几次把口罩取下的情况？为什么？"（思考） 2. 组织头脑风暴：我们现在的口罩有什么不足或者问题？ 如口罩大部分没有照顾到婴儿，戴口罩时眼镜会起雾等。 3. 引导性问题："我们可以通过什么方式来改变这些现象？" 驱动性问题："设计团队如何在考虑客户、市场等因素下，设计出能提高生活品质，解决现实问题的创意口罩？" 4. 教师总结，分组、团队建设。 5. 回应驱动性问题：我们需要掌握哪些知识或者技能来解决这个问题，完成我们的创意口罩？"我们要花多少时间，经过怎样的程序和步骤来解决它？" 6. 引导性问题："我们要如何宣传它（口罩）？"教师引导学生预设最终的效果。（产品—海报—设计说明—宣讲等），教师总结（板书），并展示《评价方案》。 7. 根据学生需求和问题提供学习支架，提问"清单里提供真实客户，获得的内容需要我们向特定人物提前收集信息吗？"介绍真实客户	以真实的情境导入，激发学生学习的动机。 提供独立思考的时间，促进每一位学生参与思考 联系现实生活，提高项目的目的性、真实性，理解设计是改变生活的方式之一 分析问题，团队合作 由学生主导项目规划，回应驱动问题。 学生预设结果，自主选择方向。 根据学生需求和问题提供真实客户，获得真实感，锻炼学生交流沟通能力和信息收集能力
评估\可交付的成果（形成性评估）； 1. 学生提出的问题。 2. 讨论中参与度。 3.《项目日志本》。 4.《社会调查学习单》	课下： 1. 完成《社会调查学习单》。 2. 选择感兴趣的设计作品，完成《鉴赏设计作品导学单》。 3. 完成《社会调查评价标准》和《主题单元评价量规》	

项目日程表，如表 7-30 所示。

表 7-30　项目日程表

项目日程表——第二课	
环节：知识技能+鉴赏活动+文化理解	时长：1课时

目标：
1. 了解口罩文化（起源、原理、组成）。（文化理解）
2. 学习用费德门欣赏法对优秀产品设计作品进行赏析，与同学分享交流并描述与解释作品中的设计思维；使用设计术语，从功能和审美角度交流讨论设计作品，搭建"好的设计"的概念和标准。（审美感知、美术表现）
3. 了解设计的概念与种类，认识设计与生活的关系；学习产品设计的基本特点和制作流程。
4. 根据社会调研的信息，尝试用产品设计的方法独立完成简单的"创意口罩"设计方案。

学生活动	教师活动	设计意图
1. 观看视频，回答问题。 2. 小组介绍交流并尝试总结设计作品的分类、概念等。 3. 学生小组观看，了解制作流程并做笔记，回答问题。 4. 学生根据《社会调研学习单》与成员讨论并确定目标。 5. 每个人按照产品设计的要求准备创意设计的草稿（课上课下完成）和设计摘要（《设计单》），下节课讨论	1. 科学老师（视频）介绍口罩的历史、原理、材料等。提问："口罩是什么？它为什么在如今这么重要？"（是什么，为什么） 2. 提问："口罩属于什么类型的设计？"展示学生的《鉴赏设计作品导学单》，提问："它们有什么优点？与现实生活有什么联系？或者解决了什么问题？""这些设计是如何引导人们的行为和思考的？" 3. 专业设计师介绍产品设计的流程，展示其过程和模具。提问"产品设计的制作过程是怎么样的？"（怎么做） 4. 组织讨论，教师参与学生讨论，进行指导和意见 5. 引导学生思考产品设计的时候同时要考虑如何宣传和展览，提供《设计单》《案例分析单》等学习支架	跨学科探究问题，加大学生对口罩文化的认识，对生命安全的理解。 通过学习支架使学生了解设计的相关知识，帮助学生搭建"好的设计"的概念和标准。 与设计师面对面交流，让项目更具真实感。学生从中获得产品设计的知识与技能。 个人独立工作和思考的时间，体验设计思维
评估\可交付的成果： 1. 课堂笔记。 2.《设计单》（个人成果）。 3.《项目日志本》。 4.《鉴赏设计作品导学单》	课下： 1. 完成《设计单》。 2. 完成《KWH评价表》（检测点）。 3. 完成《知识技法评价量规》	备注：

项目日程表——第三课	
环节：构思设计+反馈优化+交流讨论	时长：2课时

目标：
1. 通过小组合作、自主查阅资料等方式，用产品设计的程序和方法进行口罩的再次构思。
2. 通过公开交流，真实地反馈，优化设计方案，选出小组的最优执行方案。
3. 探索与反思自己的设计方案与其他同学的设计方案的关系。
4. 与他人交流和讨论自己的设计方案的含义

学生活动	教师活动	设计意图
1．组内交流各自的设计意图与想法（设计单），选择最优的设计方案作为执行方案。 2．公开交流执行方案、项目规划，回答问题或者针对问题作出改进。 3．一组学生向老师们（客座教师）介绍方案和设计，其他组倾听、记录。观察别人的思考或提问方式，反思自己小组的问题，进行组间交流反馈和改进。 4．小组成员按照兴趣和能力分工去学习别的技能和知识（完成分工任务）。 5．小组成员分享各自学习进度，统筹安排接下来的计划和安排（记录在《项目日志本》）	1．提问："你设计的创意口罩解决了什么问题？通过何种方法解决的？"（举例：Bcare+口罩） 2．多提引导性问题："你能通过增加（或减少）什么功能解决这个问题？"教师点评，并组织学生相互提问。 3．教师组织鱼缸会议，并提供《"创意口罩"检核表》。提问："你们的设计如何引导人们行为或思考的？具有怎样的功能？" 4．教师再次展示预设的展览效果图（一个完整的展品—海报—设计说明—宣讲的过程），让学生自主选择方向，分工。 5．提供脚手架：专家视频、设计说明的方式、海报设计的方式、专业词汇的资料、如何与客户沟通的资料、展览方式、制作PPT等，（根据"NTK"清单提供）询问各组项目进度。 6．通过对话进行"项目检测"（形成性评价）可根据《KWH评价表》	回应驱动问题。 交流并进行价值输出，获得反馈。 观察并进行换位思考，倾听真实反馈，多角度认识问题。 进行跨学科学习活动，培养学生自主学习的能力以及个性发展。 计划和统筹，追踪项目进度。 检测点
评估\可交付的成果： 1．项目日志本 2．设计单 3．鱼缸会议记录	课下： 1．完善、优化《设计单》 2．完成各成员的任务 3．完成《构思评价量规》	备注：

项目日程表——第四课

环节：创作实践+跨学科学习	时长：2课时

目标：
　　1．依照产品设计的程序和方法，学习以手绘、软件绘制效果图或制作模型等方式完成"创意口罩"的产品设计，并对功能辅以文字说明。（美术表现、创意实践）
　　2．通过图样表达或产品模型形成设计方案（艺术性），并进行科学材料与工艺的选择（科学性），通过制作产品实现价值。（美术表现、创意实践）
　　3．围绕各自的项目目标完成相应的海报设计、PPT等任务（美术表现、创意实践）

学生活动	教师活动	设计意图
1．公开交流讨论优化后的设计方案和设计说明，同时展示其他成员的进度，以及预设的最终效果。 2．按照方案，完成"创意口罩"的产品设计。 3．分工完成各项任务：海报设计、宣讲PPT、宣讲训练、设计说明编辑、过程记录人员。	1．提问"如何完成你们的创意口罩？"参与小组讨论，及时提供帮助或者反馈。 2．提问："在实施过程中遇到了什么？" 　问题：你们是如何解决的？ 　你联想到了什么情况也可以如此解决？记录过程。 3．收集阶段性证据，检查每个环节的完成程度	回应驱动问题，相关展示以监控和调节自己项目的节奏。进行知识迁移，创意实践。进行跨学科学习活动，培养学生自主学习的能力以及个性发展
评估\可交付的成果： 1．《项目日志本》； 2．预设效果图	课下： 1．完成《KWH评价表》； 2．完成海报设计、PPT制作、设计说明等作业，进行宣讲训练； 3．完成《创意单元评价标准》	备注：

项目日程表——第五课

环节：布展彩排+展览交流		时长：1课时

目标：
1. 通过公开展示和产品宣讲，进行口罩文化和设计文化的价值输出。（文化理解）
2. 通过小组合作和讨论，完成对"创意口罩"设计展览的规划与布置

学生活动	教师活动	设计意图
1. 共同完成《创意口罩作品展览工作计划学习单》。 2. 在学校展厅布置"创意口罩"设计展，提前安排解说人员，彩排。 3. 公开展示成果，并进行产品演示和宣讲	1. 提问："如何更有趣地、高效地宣传我们的产品？"引导学生主动完善《创意口罩作品展览工作计划学习单》。 2. 布展，统筹（开幕主持+布展时间+人员安排），播放学生创作过程视频。 3. 邀请学生、家长、老师、社区的人参展并留下意见（意见簿），同步在公众号展出。 4. 记录现场	策划展览。 布置展览。 公开展示，锻炼陈述技巧
评估\可交付的成果： 1.《项目日志本》。 2.《意见簿》。 3.《创意口罩展览工作计划学习单》	课下： 安排负责守展的人员。 完成《展评活动评价量规》	备注：

项目日程表——第六课

环节：反思点评+项目复盘		时长：1课时

目标：
1. 通过观看《意见簿》和现场视频，反思和评价自己在这个项目中的表现，以及作品的完成度。
2. 通过再次回顾主题，加大学生对生命安全的重视，对现实生活的关注

学生活动	教师活动	设计意图
1. 学生一起观看意见簿和展览现场，各小组总结目标完成情况、亮点、项目问题以及归因，项目经验和可优化点，完成《KWH评价表》。 2. 总结，形成《项目报告》。 3. 思考问题	1. 组织学生讨论现场的展览，为每位学生提供《KWH评价表》并提问："上面的问题你们都解决或者完成了吗？"引导学生进行项目复盘，完成《项目报告》。（表9） 2. 收集项目成果，收入学习档案袋。 3. 引导学生迁移知识，提出问题："现实生活中还有什么现象是可以通过设计来改变的？"	项目回顾与反思，关注个体差异和学习参与度。 总结性评价，回应驱动性问题。 迁移知识
评估\可交付的成果： 1.《项目日志本》。 2.《项目报告》	课下： 展览的后续安排（作品的展览期限，如何安置等）	

评价方案如表 7-31 所示。

表 7-31　评价方案

			评价方案					
环节	主题探索 团队建设 项目规划	知识技能 鉴赏活动 文化理解	构思设计 反馈优化 交流讨论	创作实践 跨学科学 习	布展彩排 展览交流	反思点评 项目复盘 收集成果	学习参与	最终成果
评价证据	《项目日志本》《社会调研评价标准》《社会调研学习单》《主题单元评价量规》	课堂笔记 设计草稿《项目日志本》《鉴赏设计作品导学单》《知识技法评价量规》《欣赏单元评价量规》	《设计单》《构思评价量规》《项目日志本》《KWT评价表》	《项目日志本》《创造评价量规》海报设计 PPT 介绍 设计说明《KWT 评价表》	《项目日志本》《意见簿》 宣讲演示《展评活动评价量规》	《项目日志本》项目报告《KWT评价表》所有评价量规资料	参与活动 学习讨论 学习态度《小组合作活动评价量规》	"创意口罩"产品设计整体呈现效果
权重	15%	15%	20%	15%	5%	10%	10%	5%
学习档案袋	5%							

《创意口罩》主题单元评价量规如表 7-32 所示。

表 7-32　单元评价量规

《创意口罩》主题单元评价量规

姓名：		班级：		完成时间：	
得分	主题学习评价标准		最高水平		10
0	你没有达到以下任何细则所描述的标准				
1~3	你能根据驱动性问题，随意写出若干小问题或创作意向				
4~6	你能根据驱动性问题寻找优先级最合适的问题，随意地写出若干创作意向；与同学交流后，记下 3 个感兴趣的小问题或创作意向				
7~8	你能根据驱动性问题以及老师的设计创作命题，联系个人情境或社会情境，写出若干小问题或及创作意向；与同学交流后，记下 3 个感兴趣的小问题以及创作意向，写出创作思路；比较 3 个问题主体的形式与主题的相关性之后，确定某一主题，略作改进				
9~10	你能根据驱动性问题以及老师的设计创作命题，联系个人情境或社会情境，调查真实的社会成员，明确概念写出若干小问题或创作意向；与同学讨论创作命题的意义，记下 3 个感兴趣的选题意向，写出创作思路；比较 3 个选题，分析其可取性与可操作性、问题与主题的相关性、三者的优缺点之后，确定某一主题，并进一步改进和优化				

自评	
他评	
师评	
总评	优点
	不足
	建议
反思	

社会调研评价标准如表 7-33 所示。

表 7-33　社会调研评价标准

社会调研评价标准				
表现指标	杰出	优秀	达标	需要改进
提供的资料	至少使用 2 个资料来源进行了充分的背景调研。所有资料来源都进行了恰当的标注和归纳。清晰地表述了研究问题的重要性和可行性。拟解决的办法和途径基于背景调研，也回应了驱动性问题	进行了较完整的背景调研。资料来源进行了恰当的标注。陈述了研究问题的重要性。拟解决的办法和途径与项目相关	调研包含背景调研。标注了资料来源。陈述了研究问题的重要性。有清晰的解决办法或假设	调研没有包含背景。资料没有标注引用出处。没有表达研究问题的重要性。没有提出拟解决的办法

《创意口罩》欣赏单元评价量规如表 7-34 所示。

表 7-34　《创意口罩》欣赏单元评价量

《创意口罩》欣赏单元评价量规			
姓名：	班级：		完成时间：
得分	欣赏学习评价标准	最高水平	10
0	你没有达到以下任何细则所描述的标准		
1~3	你描述了某一设计作品的特点和所产生的审美感受；你知道各种社会因素会对作者和作品产生影响；仅仅表达对这件作品喜爱与否		
4~6	你描述了某一设计作品的设计类型，从某种角度讨论审美感受；你能联系主题看到作者运用了某些设计元素；你知道现实问题会对作者及其作品产生某种影响；能简单地评价这件作品		

7~8	你描述了多个设计作品的主要设计类型及其设计的概念和内涵、范围与种类；你能从功能和审美角度交流讨论设计作品，表达自己的观点和感受；你能解释社会问题对作者及其作品所产生的影响；能较全面地评价该作品主要价值，联系"如何设计出能提高生活品质，解决生活问题的创意口罩？"这一驱动问题说出自己的观点
9~10	你充分描述设计作品的主要设计类型及其设计的概念和内涵、范围与种类；你能使用设计术语，从功能和审美角度交流讨论设计作品，表达观点；你解释了历史、文化、社会、艺术观念等社会背景对作者及其作品所产生的影响；能有见地就该作品的艺术、历史、科学、文化价值等，联系"如何设计出能提高生活品质，解决生活问题的创意口罩"这一驱动问题阐明自己的观点和想法

《创意口罩》知识技法评价量规如表 7-35 所示。

表 7-35　《创意口罩》知识技法评价量规

《创意口罩》知识技法评价量规			
姓名：	班级：		完成时间：
得分	欣赏学习评价标准	最高水平	10
0	你没有达到以下任何细则所描述的标准		
1~3	了解 1 种设计种类，能大概描述其内涵		
4~6	了解 2 种设计的概念和内涵、范围与种类，能描述相应的设计程序和方法		
7~8	了解多种设计的概念和内涵、范围与种类，能仔细描述产品设计的基本设计程序和方法		
9~10	了解多种设计的概念和内涵、范围与种类，能举例并详细描述其产品设计的基本设计程序和方法；把握产品设计的特征和内涵		

《创意口罩》构思单元评价量规如表 7-36 所示。

表 7-36　《创意口罩》构思单元评价量规

《创意口罩》知识技法评价量规			
姓名：	班级：		完成时间：
得分	学习评价标准	最高水平	10
0	你没有达到以下任何细则所描述的标准		
1~3	你选定了要解决的问题和真实的对象，画出了草图；通过简单交流讨论对草图进行有限的改进；写了 1 点创意图或设计说明。		
4~6	你能从 3 个要解决的问题和真实的对象中选定 1 个目标，画出草图，并根据交流讨论改进了草图；写出一些创作意图或设计说明		

7～8	你能从 3 个以上的要解决的问题和真实的对象中选 1 个最佳目标；你能根据目标，收集有关的资料信息；你对"驱动性问题"有所考虑之后，能借鉴设计资料与同学老师交流讨论后，设计出比原先质量更高的新草图；写出了自己的创作意图或设计说明
9～10	你能从 3 个以上的要解决的问题和真实的对象中选 1 个最佳目标；收集几种与口罩有关的设计作品；在思考"驱动性问题"之后，吸取设计作品中有价值的元素，设计出更有风格、更能表达主题的新草图；由表及里地写出了自己的创作意图及设计说明

《创意口罩》创作单元评价量规如表 7-37 所示

表 7-37　《创意口罩》创作单元评价量规

《创意口罩》创作单元评价量规			
姓名：		班级：	完成时间：
得分	学习评价标准	最高水平	10
0	没有达到以下任何细则所描述的标准		
1～3	基本了解口罩的作用，能用简单的操作技能和方法，完成低水平的设计作业		
4～6	了解口罩的历史和作用，掌握了简单的操作技能和方法，完成一般水平的创作		
7～8	理解口罩文化，熟悉设计的相关属性，能依照产品设计的程序和方法，学习以手绘方式完成"创意口罩"，完成良好水平的创作和设计说明		
9～10	深度理解口罩的重要性，了解时代背景，充分熟悉设计的概念和各种特点，依照产品设计的程序和方法，学习以手绘、软件绘制效果图或制作模型等方式完成"创意口罩"的产品设计，并辅以对功能的文字说明，作品具有一定的创造性		

《创意口罩》展评单元评价量规如表 7-38 所示。

表 7-38　《创意口罩》展评单元评价量规

《创意口罩》展评单元评价量规			
姓名：		班级：	完成时间：
得分	学习评价标准	最高水平	10
0	你没有达到以下任何细则所描述的标准		
1～3	你评价了自己的设计创意和自己的表现		
4～6	你根据学习目标评价了自己的设计创意和自己在创作过程中的表现，并尝试写出对自己作品改进的思考		
7～8	你根据学习目标能客观地评价自己的作品和自己在创作过程中的表现；你收集了他人评价意见并写出对自己作品的改进思考		
9～10	你根据学习目标能客观地评价自己在鉴赏活动、设计技法、作品创作以及创作观念上的进步；客观地评价了自己在创意口罩项目活动中的主题、鉴赏、技法、构思、创作、展评等阶段的表现		

《创意口罩》小组合作活动评价量规如表7-39所示。

表 7-39　《创意口罩》小组合作活动评价量规

《创意口罩》小组合作活动评价量规				
姓名		班级		完成时间	
评价项目	9～10	7～8	4～6	1～3	0
小组分工	1. 小组内成员分工非常明确。 2. 任务分配非常合理。 3. 有小组分工职责明细表	1. 小组内成员分工较明确。 2. 任务分配较合理。 3. 有小组分工记录	1. 小组内成员分工明确。 2. 有任务分配。 3. 没有有小组分工记录	1. 小组内成员有分工。 2. 任务分配不太合理。 3. 没有有小组分工记录	1. 小组内成员无分工。 2. 没有任务分配。 3. 没有小组分工记录
小组合作	1. 讨论热烈，发言积极。 2. 组员之间相互尊重，相互帮助。 3. 资料和成果共享	1. 有一定讨论，发言一般。 2. 组员之间能相互尊重，能相互帮助。 3. 大部分资料和成果共享	1. 很少讨论，发言不积极。 2. 组员之间不够相互尊重，偶尔相互帮助。 3. 偶尔将资料和成果共享	1. 无兴趣讨论，发言不积极。 2. 不能够相互尊重和帮助。 3. 资料和成果不与他人共享，无合作意识	1. 根本无兴趣讨论，发言不积极。 2. 根本不能够相互尊重和帮助。 3. 资料和成果不与他人共享，无合作意识
参与程度	1. 组长领导能力出色，能非常完美地把组内任务分配给组员。 2. 组员能积极地参与组内各项活动，和组长配合非常默契。 3. 组长与组员的协调能力非常完美，和谐	1. 组长领导能力基本完备，能准确把组内任务分配给组员。 2. 组员基本能积极地参与组内各项活动，和组长配合有默契。 3. 组长与组员的协调能力基本合格	1. 组长领导能力不是很完美，不能非常准确把组内任务分配给组员。 2. 组员不能积极地参与组内各项活动，和组长配合不是很默契。 3. 组长与组员的协调不是很默契	1. 组长领导能力合格，基本能把组内任务分配给组员。 2. 组员不怎么参与组内各项活动，和组长配合不默契。 3. 组长与组员的协调不默契	1. 组长领导能力不合格，不能把组内任务分配给组员。 2. 组员不参与组内各项活动，和组长不配合。 3. 组长与组员的协调不好

KWH评价表如表7-40所示。

表 7-40　KWH 评价表

KWH 评价表
在这一环节你学会了什么？知道了什么？（KNOW）
你还不能理解的概念有什么？（WHAT）
接下来你对什么最感兴趣或者最疑惑？（WHAT）
你觉得这些知识或者技能还能运用在哪里？或者想运用这些知识解决怎样的问题？（HOW）

社会调研学习单如表 7-41 所示。

表 7-41　社会调研学习单

社会调研学习单		
时　间	地　点	途径
调研目的		
调研背景		
调研人群（对象）		
需求（改进）		
对口罩的看法		
……		
反思		

作品鉴赏导学单如表 7-42 所示。

表 7-42　作品鉴赏导学单

作品鉴赏导学单		
设计作品	作品名称	
	目标群体(性别、年龄、职业、个性等)	
	设计类别	
	设计主题	
	创作年代	
设计师	姓名	
	国籍	
	代表作	
分析		
设计特色	设计背景	
	设计目的	
	设计元素	
	设计风格	
解释		
设计内涵	设计意图	
评价		
艺术评价	从文化内涵、设计意图、构思、艺术性、可行性的角度评价作品，阐明你的观点和理由	

案例分析单如表 7-43 所示。

表 7-43　案例分析单

案例分析单	
产品信息	
目标群体	
亮点	
用什么方式达成亮点	
知识或技能	
作用	
其他	
反思(可以用在你自己的设计上吗？)	

设计单如表 7-44 所示。

表 7-44　设计单

设计单			
设计摘要		客户档案	
问题		名字	
解决方案		性别	
设计意图		遇到的问题及解决的办法	
设计目的		年龄	
独特的价值主张		问题	
已存在方案（目前为止问圆如何解决）		需求	
NTK 清单		收获	
所需材料		待完成	
反思		其他	

"创意口罩"检核表如表 7-45 所示。

表 7-45　"创意口罩"检核表

"创意口罩"检核表			
序号	检核项目	新设想名称	描述
1	有无其他用途		
2	能否引用、借用		
3	能否改变		
4	能否扩大（增加）		
5	能否缩小（减少）		
6	能否调整		
7	能否颠倒、反转		
8	能否组合		

项目日志如表 7-46 所示。

表 7-46　项目日志

项目日志本（正面）				
时间：	主题：	成员	职务	评价（互评）
任务：	想法：			
反思				

项目日志如表 7-47 所示。

表 7-47　项目日志

项目日志本（反面）	
记录：	知识与技能
记录：	
反思	

创意口罩作品展览工作计划学习单如表 7-48 所示。

表 7-48　创意口罩作品展览工作计划学习单

创意口罩作品展览工作计划学习单		
学生姓名：		学号：
展览主题		
展览地点		
布展时间		
展览时间		
邀请人员		
展览内容	作品： 学习档案袋：	
展览布局	负责人： 路线图：	
展览宣传	负责人： 宣传方式：	
评奖设计	负责人： 评奖方式：	
展览资料	负责人： 展览现场图片：	

项目报告如表 7-49 所示。

表 7-49　项目报告

项目报告	
项目主题	
项目目标	
目标完成情况	
项目亮点总结	
项目问题及归因	
项目经验和优化点	
知识点迁移	

这是一个完整的、系统的、有创意的教学案例。首先，选题具有时效性。该案例结合当下社会问题选择"创意口罩"这一项目，引导学生通过思考"需要什么样的更好的口罩"探索口罩与疾病、社会的关系。其次，问题具有针对性。案例从起源、主题、鉴赏、技法、构思、创作、展览、迁移8个方面进行了"创意口罩"的问题链设计，每一个问题都指向不同的美术知识与技能以及核心素养，致力于引导学生深度思考和探索。再次，内容具有综合性。整个项目式设计由项目准备期、项目执行期和项目收尾期3大部分、6个主线任务组成，通过引导学生对"创意口罩"主题的探索、美术相关知识技能的学习、设计构思的交流、创作实践的跨学科学习、彩排展览的摸索和评价项目活动内容的学习，完成"创意口罩"的设计方案和设计说明，最终以设计展的形式呈现学习的成果。最后，评价具有全面性。案例设计通过分别制定"创意口罩"主题单元、欣赏单元、知识技法单元、构思单元、创作单元、展评单元、小组合作活动的评价量规，将评价嵌入每一个教学环节，能够让学生在学习过程中方便、切实评价自己和他人，自我检验学习的成果，提高学习兴趣，也能帮助教师更好地检验学生的学习表现，从而避免终结性评价的片面性。"创意口罩"项目式设计案例，体现了情境的真实性、内容的综合性、评价的全面性和学生的主体性，是一个非常精彩的教学案例。

六、跨学科教学方法

跨学科教学法是一种综合多个学科知识和技能的教学方法。它强调不同学科之间的联系和互补，通过整合和交叉，运用不同学科的概念、原理和方法，为学生提供更全面、深入和真实的学习体验。跨学科教学法不仅关注学科知识的传授，还注重培养学生的批判思维能力、解决问题的能力和跨学科合作的能力。

跨学科主题学习是在各学科课程的基础上，实现义务教育阶段课程综合化和实践化的一种课程设计，是发展学生核心素养的有效路径。而以"学习""任务""群"三要素构成的"学习任务群"，不仅要注重"以人为本、以学为中心"，还要注重"多任务组合"。在"任务驱动"下，学生在情境中带着任务进行伙伴式、探究式学习，并在一定的条件下主动参与各种不同的学习过程中，体会不同的情境，更容易打破学科壁垒，达到跨学科主题学习的目标，即学生核心素养的发展。就美术跨学科主题学习而言，首先要基于美术学科课程内容，凸显美术学科的主体地位。在此基础上，充分挖掘其中的跨学科要素，联系各学科特性，设计内容丰富、形式多样、富有趣味性的跨学科主题活动，帮助学生巩固、理解、运用美术知识。

在美术跨学科学习任务群教学设计与实施的过程中，要注重对"跨"字的思考，找到跨的基础、掌握跨的尺度、做好跨的整合，即做到跨而有根、跨而有度、跨而有融，具体如下。

（一）跨而有根，把握生长点

在进行小学美术跨学科学习任务群的设计与实施时，必须牢牢把握住"美术"和"生活"这两大要素。具体操作时，以美术为主线，基于真实生活问题展开，从而保障接下来的学习跨而有度、跨而有融。

1. 以美术为主线

"跨学科学习"与"美术跨学科学习"的区别在于后者强调以美术为主要内容和目标。课标针对"融入跨学科"学习任务的学业要求为：能针对不同问题，用美术与其他学科相结合的方式提出解决问题的思路和方案，设计与制作不同形式的作品。将美术置于其他学科之前，强调跨学科学习中美术学科的本位。由此可见，小学美术跨学科学习必须在小学美术的教学实践中展开，串联好美术与生活，做好艺术欣赏与创作，利用其他学科的知识技能、思维方式等丰富小学美术学习的内容，并且所有的学习最终都要回归到小学美术学科素养中去，筑牢"美术"根基。

2. 基于真实生活问题

在真实的情境中运用所学知识来解决问题是跨学科学习的显著特征，这与小学美术核心素养发展的课程目标一致。因此，教师在日常教学中应创设关乎学生当下校园生活或社会发展现实的问题情境，这些问题应该是学生能力范围内感兴趣的但未解决的现实问题，且要确保学生在解决问题的过程中素养能够得到提升。基于此，将"问题"转化为学生待解决的"大任务"，根据教学目标一个个分解成前置任务、主要任务、次要任务和反思任务，学生在完成任务的过程中如同闯关一般进行学习，收获成长体验。

（二）跨而有度，建立支撑点

开展美术跨学科主题教学，需要探寻小学美术学科和其他学科融合的"跨点"。

如设计"创作一本校友图画书"这课时，教师将"我笔下的校友故事"设为大任务，设计不同层级的任务群，将搜集知名校友故事的图文信息设为前置任务，将参考学习连环画创作方法设为次要任务，将创作校友故事设为主要任务，最后带领学生进行作品展示与创作反思。此大任务的产生是基于学生真实的校园生活问题展开的，让学习从生活中来又回到生活中去。学生在探究过程中兴趣盎然，提升了美术和语文两门学科核心素养（见图 7-10）。

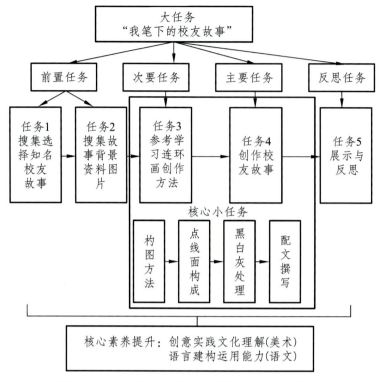

图 7-10 "创作一本校友图画书"任务群设计

掌握适当的"跨度",做到内容选择有广度、目标定位要适度、活动设计显深度、教学评价有效度,实现多学科知识和思维统整,这"四度"是保障课程顺利实施的支撑点。

【案例】课题:《创作一首童谣 MV》

年级:五年级

总课时:四课时

学科:美术、语文、音乐、信息科技

【教学背景】学生通过网络调研发现目前中国童谣 MV(Music Video)表现形式均为千篇一律的卡通动画,缺少中国艺术元素。为此,教师引导学生将水墨、剪纸、青花纹样等元素融入中国童谣 MV 中,大力弘扬中华优秀传统文化。

如图 7-11 所示,教师为解决核心问题,设计"分工合作之效敲定创作主题""定格童话之画美术表现童谣""体会童谣之韵音乐演绎童谣""踏上创新之路技术合成短片""童谣 MV 成果展示以及反思""多元化的音乐 MV 设计欣赏"六个任务群,依照任务群目标进行跨学科学习活动。教学设计层层递进,引导学生深度参与、深度思考,最终完成任务。学生在整个探究过程中养成了克服困难、解决难题的品格,发展了语文学科的文化自信和语言运用素养，艺术的审美感知、艺术表现、创意实践、文化理解素养，以及信息科技的数字化学习和创新能力素养。[1]

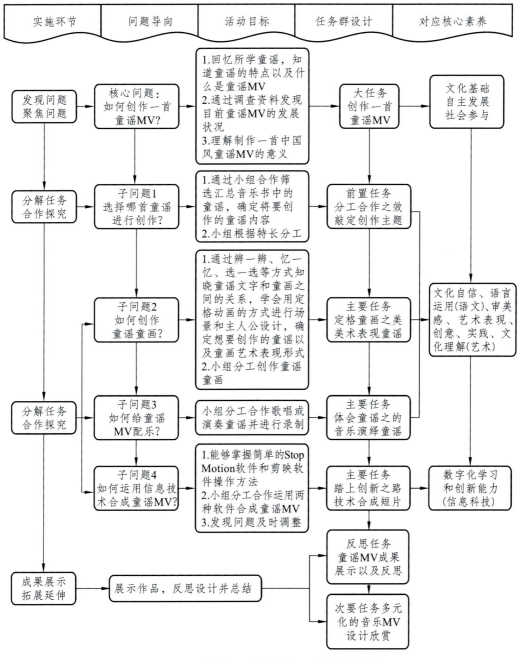

图 7-11　《创作一首童谣 MV》教学设计

① 刘馨阳，陈晓东. 小学美术跨学科主题学习任务群教学路径探析[J]. 新课程评论，2024（6）.

（二）跨而有融，找准融合点

跨学科学习关注的是不同学科知识的相互影响、相互支撑、相互作用的过程。因此，美术跨学科学习活动并不是各学习活动的组合和堆砌，要找准学科和学科之间的"融合点"，让跨学科主题学习活动成为一种相互交融的关系，使学生对多学科知识形成整体认知。

1. 创设多学科融合的真实情境

大任务跨学科任务群学习的重要特征是将多学科融合，共同解决一个问题。这种学习方式不仅能打破学科间的壁垒，还能促进学科知识的融会贯通。在《创作一首童谣MV》跨学科主题课时，学生通过调研发现当前中国童谣歌曲 MV 均为千篇一律的卡通形式，没有中国艺术特色，提出了"创作一首具有中国风童谣MV"这一大任务。

2. 构建螺旋进阶的学习任务链条

具有高度关联性，能够层层递进解决大任务，有效避免"为了活动而活动"的错误观念。以《创作一本校友图画书》一课为例，以"我笔下的校友故事"为主线，通过"收集选择知名校友故事""搜集故事背景资料图片"等五个任务群来完成教学。不同的任务群有不同的重要性和功能，学生在螺旋进阶解决这五个任务群的过程中发展不同学科的核心素养。

首先，前置任务作为初始条件，是其他任务群的领头羊。搜集选择校友故事，学生大量阅读校友相关故事，选择自己喜欢的故事撰写脚本。此任务围绕语文学科，发展了学生语文学科的语言建构和运用素养。第一个子任务是搜集故事背景资料图片，学生根据脚本内容搜集故事主人公旧照以及所处年代的环境照片。第二个子任务则是本节课的核心。参考学习连环画创作方法，通过阅读《连环画报刊》以及优秀连环画作品，对比不同艺术形式下连环画的特点，选择合适的表现形式小组合作进行创作。以上两个子任务主要围绕美术学科，发展学生的艺术表现和文化理解素养。反思任务作为第三个子任务，是对之前学习的总结以及对之后任务群学习的经验积累。

跨学科学习任务与真实的社会生活高度相似，创设生活化多学科融合的真实情境大任务，让学生在一个个难度渐增的任务链中不断反思，不断突破自我，获得成功的体验。

参考文献

［1］中华人民共和国教育部. 义务教育艺术课程标准（2022 年版）[M]. 北京：北京师范大学出版社，2022.

［2］中共中央办公厅 国务院办公厅印发《关于全面加强和改进新时代学校体育工作的意见》和《关于全面加强和改进新时代学校美育工作的意见》[N]. 人民日报，2020-10-16.

［3］彭吉象，刘沛，尹少淳.《义务教育艺术课程标准》（2022 年版）解读[M].北京：北京师范大学出版社，2022.

［4］教育部基础教育课程教材专家工作委员会组.普通高中美术课程标准解读（2017年版 2020 年修订）[M]. 北京：高等教育出版社，2020.

［5］尹少淳. 美术教育学新编[M]. 北京：高等教育出版社，2009.

［6］夏雪梅. 以学习为中心的课堂观察[M]. 北京：教育科学出版社，2012.

［7］张华. 论理解本位跨学科学习[J]. 基础教育课程，2018（22）.

［8］上海市教育委员会教学研究室. 中小学美术单元教学设计指南[M]. 北京：人民教育出版社，2018.

［9］尹少淳. 从核心素养到美术学科核心素养——中国基础教育美术课程的大变轨[J].美术观察，2017（4）.

[10] 王荣生.“学习活动”的多维视角——基于对相关译著的考察分析[J]. 教育发展研究，2020，40（18）.

[11] 杨建滨. 美术学科教学概论[M]. 武汉：湖北美术出版社，2002.

[12] 邱国光. 美术教育的学科研究与教学实践[M]. 北京：新华出版社，2023.

[13] 王瑜常. 核心素养下的艺术综合课程实施策略[J]. 新课程研究（下旬），2017（S1）.

[14] 教育部基础教育课程教材专家委员会组织编.《义务教育美术课程标准》（2011年版）解读[M]. 北京：北京师范大学出版社，2012.

[15] 孔德勇. 基于五行教育的小学生核心素养[M]. 武汉：华中科技大学出版社,2018.

[16] 杜威. 思维与教学[M]. 上海：华东师范大学出版社，2010.

[17] 余文森. 核心素养导向的课堂教学[M]. 上海：上海教育出版社，2017.

[18] 闵家顺. 基于核心素养培育的 STEM 教学设计[M]. 北京：世界图书出版公司，2020.

[19] 杜志华. 基于核心素养培育的校本课程体系设计与实施研究[M]. 长春：吉林人民出版社，2020.

[20] 徐韧刚. 目标导向的初中美术单元化探究性学习的教学研究[M]. 上海：上海教育出版社，2017.

[21] 杨九诠. 学生发展核心素养三十人谈[M]. 上海：华东师范大学出版社，2017.

[22] 钟启泉，崔允漷，张华. 为了中华民族的复兴为了每位学生的发展：《基础教育课程改革纲要（试行）》解读[M]. 上海：华东师范大学出版社，2001.

[23] 钟启泉，张华. 经验课程论[M]. 上海：上海教育出版社，2000.

[24] 林崇德. 21 世纪学生发展核心素养研究[M]. 北京：北京师范大学出版社，2016.

[25] 杨向东. 核心素养与我国基础教育课程改革的深化[J]. 上海课程教学研究，2016（2）.

[26] 张华. 论核心素养的内涵[J]. 全球教育展望，2016（4）.

[27]《基础教育课程》编辑部. 发挥美术课程的育人价值：访普通高中美术课程标准修订组负责人尹少淳[J]. 基础教育课程, 2018（1）.